Christine Behrens
Lebensphasen verstehen und gestalten

Edition Sozial

Christine Behrens

Lebensphasen verstehen und gestalten

Ressourcenorientierte Impulse
zur Neuorientierung

Die Autorin

Christine Behrens, geboren 1964, ist Theologin, Transaktionsanalytikerin, Supervisorin und Coach. Seit 1995 begleitet sie Menschen an zentralen Lebensübergängen: Partnerschaft, Familie, Beruf, Neuorientierung, Sinnstiftung, Alter und Tod. In zahlreichen Veröffentlichungen bietet sie Unterstützung für schöpferische Lebens- und Berufsgestaltung.

Dieses Buch ist erhältlich als:
ISBN 978-3-7799-7034-7 Print
ISBN 978-3-7799-7035-4 E-Book (PDF)

1. Auflage 2023

Herstellung: Ulrike Poppel
Satz: text plus form, Dresden
Druck und Bindung: Beltz Grafische Betriebe, Bad Langensalza
Beltz Grafische Betriebe ist ein klimaneutrales Unternehmen (ID 15985-2104-100)
Printed in Germany

Weitere Informationen zu unseren Autor:innen und Titeln finden Sie unter: www.beltz.de

Inhalt

1. Einleitende Bemerkungen

„Experten können uns alles in der wahrnehmbaren Welt genau erklären, und trotzdem verstehen wir unser eigenes Leben immer weniger. Wir leben in der postmodernen Welt, in der alles möglich und so gut wie nichts sicher ist".
Václav Havel

Zwischen Geburt und Tod findet das Leben statt. Eine komplexe und individuelle Angelegenheit. Jedem Menschen stellen sich in dieser Zeit immer wieder neue Lebensherausforderungen. Nicht jede vertraute Erfahrungskategorie ist dann noch tragfähig. Wie eine Schlange, die sich häutet, müssen wir die alte Schicht abwerfen, um uns zu erneuern und zu regenerieren. Denn die alte Haut taugt nicht mehr für die neue Lebensphase. Ob wir diesen Prozess der Häutung als großen Verlust erfahren oder als Chance: in dieser Entscheidung begleitet Sie dieses Buch.

Wir wachsen in einer soziokulturellen Umwelt auf, die uns prägt. Wir tragen zur Gesellschaft bei. Und in vielen Momenten unseres Lebens bestimmen wir selbst, was wir in jedem Augenblick unseres Lebens sind. Oder wie wir sein wollen. Bisweilen gelingt das auch nicht.

Unser Selbstbild wird von unserer Umwelt mitbestimmt. Geschwister, Eltern, Freunde und viele andere Menschen beeinflussen mit, wie wir uns fühlen und über uns denken, wie wir uns selbst sehen und uns selbst, andere und die Welt beurteilen. Auch unsere frühen, noch nicht bewussten Lebensjahre prägen uns und bestimmen unseren Bezugsrahmen. Wir schauen durch eine bestimmte „Brille" auf die Welt und auf uns.

Der *Bezugsrahmen* beschreibt ein allgemeines Wahrnehmungs-, Vorstellungs-, Gefühls- und Handlungsschema, das benutzt wird, um sich selbst, anderen Menschen und die Welt strukturell und dynamisch zu definieren (Schiff/Schiff 1977, S. 123). Der Bezugsrahmen ist wie eine „Brille", durch die Menschen schauen. Sie verkleinert und vergrößert, blendet aber daneben Bereiche aus und verändert sie je nach Wahrnehmung.

Nicht nur diese Umwelt, sondern auch soziale Bilder und Vorstellungen tragen dazu bei, wie Menschen in einer bestimmten Altersphase sein sollten. Diese Fremdbestimmung ist uns nicht immer bewusst. Auf eine intuitive Art und Weise ahnen wir, wie wir sein sollten, wenn wir Lebensmitte, das Rentenalter oder das hohe Alter erreicht haben. Wir wollen damit unserer Umwelt gefallen. Manchmal wissen wir auch, wer wir nicht mehr sind oder noch nicht sind. Und bisweilen spüren wir, dass wir das alles nicht allein entscheiden, sondern dass es Bilder, Ideen und gewisse Parameter in einer entsprechenden Lebensphase gibt, nach denen wir uns richten.

Als wenn das nicht schon schwierig genug wäre, versagen in unserer unübersichtlichen und schnelllebigen Gesellschaft immer häufiger Rollenstereotypien. Viele der sozialen Rollen und Pflichten, die früher einer ganz bestimmten Phase zugeordnet waren, werden aufgeschoben oder ignoriert. Anderseits können sich auch vielfältige Aufgaben in einer einzigen Phase zusammenballen. Erschwerend dazu kommen eine Vielzahl von Technologien, mit deren Hilfe sich die bisher bekannten Grenzen der Biologie verschoben haben. Hierbei sind wohl zuerst die Reproduktionsmedizin zu nennen. Seit tausenden von Generationen war es ein grundlegender Instinkt des Menschen, Kinder zu bekommen, um die menschliche Art zu erhalten. Innerhalb einer Generation haben sich Menschen entschieden, das Kinderkriegen auf zehn bis zwanzig Jahre herauszuschieben. „Social Freezing“ beschreibt das Einfrieren von Eizellen. Diese Möglichkeit gibt Frauen, die sich ihren Kinderwunsch derzeit nicht erfüllen können, größere Chancen auf eine Schwangerschaft jenseits von 35 Jahren. Das stellt vielleicht die radikalste Veränderungen im Lebenszyklus auf. Der medizinische Fortschritt verlängert das Leben und verändert die Art zu sterben. Nie gab es so viele 100-Jährige wie in 2021 (vgl. Statistisches Bundesamt 2022) und nie war es so schwierig zu sterben. Viele lebensverlängernde Maßnahmen verzögern die natürliche Grenze des Lebens. „Wir leben in der postmodernen Welt, in der alles möglich und so gut wie nichts sicher ist“, sagt Václav Havel, der frühere Präsident der tschechischen Republik.[1] So können wir zwar die Errungenschaften der Zivilisation genießen, die unsere physische Existenz auf viele wichtige Arten erleichtert. Doch gleichzeitig sind wir aufgerufen, unsere eigenen Werte, Bedürfnisse und Weltanschauungen zu entwickeln und zu überprüfen. Wie die Zukunft wird, kann man nicht mehr

1 Rede von Václav Havel in der Independence Hall, Philadelphia zum Unabhängigkeitstag am 4. Juli 1994. Exzerpte aus der New York Times: „The New Measure of Man“, 08.07. 1994, S. A27.

aus der Gegenwart oder gar der Vergangenheit ableiten. Wenn wir begreifen, wie unser Lebensweg sich verändert, können wir beginnen, unsere persönlichen Kräfte und Kenntnisse zu mobilisieren, um das zu tun, was Überlebende zu allen Zeiten getan haben: sich einem neuen Zeitalter anzupassen.

Genau darum soll es in diesem Buch gehen. Jede Lebensphase hat Herausforderungen, die es zu meistern gilt. Und jede Lebensphase hat viele Weiterentwicklungspotenziale, die wir nutzen können, um lebenslang für uns zu lernen und die Fülle des Lebens auszuschöpfen.

Meine Einteilung und Interpretation der Lebensentwicklung bezieht sich auf einen Querschnitt unterschiedlicher Studienergebnisse. Viele Wissenschaftler (Blanchflower/Oswald 2008; Brandstädter/Lindenberger 2007; Wilkening/Freund/Martin 2013) haben sich mit der Lebensspanne beschäftigt, aus denen ich Zahlen, Fakten und Statistiken generiert habe. Zusätzlich ist meine Einteilung gespeist durch meine Erfahrungen in der Beratung von Menschen als Theologin und Transaktionsanalytikerin in Supervision, Coaching und Seelsorge. Was mich trägt, ist die elementare Einsicht, dass ein Älterwerden zu wichtig ist, um es allein den Soziologen, Medizinern, Psychologen oder Gerontologen zu überlassen. Wir können viel dafür tun, um es für uns zu gestalten. Wenn wir uns auf diese Reise begeben, heißt das, das wir nicht nur ins Älterwerden einwilligen, sondern gut mit uns und unseren Bedürfnissen in Kontakt kommen.

1.1 Eine kurze Geschichte der Lebensspannen

Die Idee der Selbstbildentwicklung in verschiedenen Lebensphasen wird in einigen Wissenschaften aufgenommen, beschrieben und gelehrt. Unter anderem in der Entwicklungspsychologie wird von Lebensphasen gesprochen. Es wird dabei zwischen Kindheit, Jugend und Alter unterschieden. Aber auch in anderen Fachdisziplinen ist seit Jahrhunderten das Thema Lebenszyklen und Lebensspannen auf vielfältige Art immer wieder Thema (Eurich 1981; Neugarten/Daran 1996; Brandstädter/Lindenberger 2007). Das Leben des Menschen in Altersstufen zu unterteilen, ist eine alte Kunst.

Schon in der Antike war nicht nur die westliche Kultur darauf aus, so etwas wie eine Ordnung und Übersichtlichkeit des Lebens zu schaffen. Der Philosoph Solon (* 640 v. Chr.) beschrieb bis zu zehn Lebensabschnitte à je sieben Jahren. Pythagoras (* 570 v. Chr.) gliederte das Leben des Menschen analog den Jahreszeiten in vier Gruppen. Hippokrates (* 460 v. Chr.) benennt sieben Lebensstufen. Und Aristoteles (* 384 v. Chr.) beschränkte sich später auf drei Phasen. Im alten Rom wurde diese Lebensphasen noch stärker definiert und philosophisch untermauert (Eyben, o. S.).

Im Mittelalter beschrieb man die Lebensstufen in Altersstufenbilder in Form einer Doppeltreppe (siehe Tabelle 1). Bei den Bildern standen neben den Alterszahlen einfache Worte, die so volkstümlich waren, dass man sie schon um das Jahr 1500 in Sprichwörtersammlungen aufnahm (Misra 2018, S. 176).

Für die Frauen	Für die Männer
10. Jahr Mägdelein	10. Jahr Kind
20. Jahr Jungfrau	20. Jahr Jüngling
30. Jahr Frau	30. Jahr Mann
40. Jahr Herzen-Mütterchen	40. Jahr ... wohlgetan
50. Jahr stille stahn	50. Jahr stille stahn
60. Jahr – geht's Alter an	60. Jahr geht's Alter an
70. Jahr alt Mütterchen	70. Jahr Greis
80. Jahr nimmer weise	80. Jahr nimmer weise
90. Jahr der Kinder Spott	90. Jahr der Kinder Spott
100. Jahr gnade dir Gott	100. Jahr gnade dir Gott

Tabelle 1: Altersstufenbilder im Mittelalter

Konzepte zu Lebensphasen sind auch in der östlichen Philosophie zu finden. Die „Veden“ sind die älteste Sammlung von Texten aus Indien. Dort ist das gesamte religiöse Wissen zusammengefasst. Nach den Veden ist das menschliche Leben in vier Phasen (Chaturashrama) unterteilt, die jeweils mit spezifischen Pflichten einhergehen.

Dazu gehört das Dharma (Frömmigkeit/Pflicht), Artha (Reichtum/Gesundheit), Kama (Liebe/Beziehung) und Moksha (Befreiung/Freiheit/Selbstverwirklichung) (Misra 2018, S. 180f.). Diese Pflichten werden jeweils einer Lebensstufe zugeordnet. In der 1. Stufe sollen die Menschen ihrer Pflicht nachgehen und fromm leben. „Grihastya“ ist die Lebensstufe, die viele Pflichten beschreibt. Der junge Erwachsene soll sich um Reichtum und Gesundheit kümmern, gleichzeitig aber auch die Liebe und die Beziehung im Blick behalten. In der 3. Lebensphase wird von Waldeinsamkeit gesprochen. Der Mensch geht in den Wald und befreit sich von allen menschlichen Erwartungen. Er lebt nun spirituell mit dem Ziel der Selbstverwirklichung. Die letzte Stufe beschreibt den völligen Verzicht. Die östlichen Lebensphasen sind sehr ähnlich zu den westlichen Lebensphasen. Sie wurden aber schon sehr viel früher mit Aufgaben, Pflichten und Anforderungen verbunden. Die Veden stellt die älteste Form religiöser Praxis weltweit dar und ist mindestens 3 500 Jahre alt.

Stufen	Chaturashrama	Alter	Erklärung
Stufe 1	Brahmacharya	Bis ca. 25 Jahre	Schülerschaft, Studium
Stufe 2	Grihastya	Bis ca. 40 Jahre	Familiengründung, Elternschaft, Berufsleben
Stufe 3	Vanaprastya	Ca. 74 Jahre	„Waldeinsamkeit“: Der Mensch geht in den Wald und widmet sich verstärkt der spirituellen Entwicklung und der Loslösung von westlichen Angelegenheiten
Stufe 4	Samnyasa		Ein Mönchsleben auf Wanderschaft. Völliger Verzicht

Tabelle 2: Die Veden

Die Gebrüder Grimm nahmen eine Tierlegende des Aesop (* 550 v. Chr.) für ihr Kurzmärchen „Die Lebenszeit“ auf (Grimm/Grimm o. J.). Sie beschreiben vier Lebensphasen, die ein Mensch von Gott geschenkt bekommt, der gierig mehr Lebensjahre von ihm forderte als vorher der Esel, der Hund und der Affe, deren zusätzliche Bürde über die ersten 30 glücklichen Jahre hinaus er nun tragen soll.

„Also lebt der Mensch Siebeinzig Jahr. Die ersten dreißig sind seine menschlichen Jahre, die gehen schnell dahin; da ist er gesund, heiter, arbeitet mit Lust und freut sich seines Daseins. Hierauf folgen die achtzehn Jahre des Esels, da wird ihm eine Last nach der andern aufgelegt: er muss das Korn tragen, das andere nährt, und Schläge und Tritte sind der Lohn seiner treuen Dienste. Dann kommen die zwölf Jahre des Hundes, da liegt er in den Ecken, knurrt und hat keine Zähne mehr zum Beißen. Und wenn diese Zeit vorüber ist, so machen die zehn Jahre des Affen den Beschluss. Da ist der Mensch schwachköpfig und närrisch, treibt alberne Dinge und wird ein Spott der Kinder“.

Die Menschen wurden fortan älter. Die Lebensphasen-Vorstellungen passten sich analog an. Bis Mitte der 1970er Jahre des 19. Jahrhunderts wurden die wichtigen Wendepunkte im Leben eines Menschen zumeist in einem vorgegebenen zeitlichen und nun auch zeitlich erweiterten Rahmen gesetzt: Schul- oder Universitätsabschluss, erster Job, Heirat, erstes Kind, leeres Nest, Pensionierung, ja sogar der Tod wurden einem bestimmten Lebensalter zugeordnet. Dazu gehörte auch die Festschreibung eines Einstiegsalters in die Welt der Erwachsenen (Volljährigkeit) und eines Höchstalters (Pensionierung), als gesetzliche Vorschriften.

Für den Psychoanalytiker Carl Gustav Jung war besonders die Entwicklung des Menschen in der zweiten Lebenshälfte interessant. Er hat in den 1930er Jahren als Allererster die sehr interessante These aufgestellt, dass das Leben zwei komplementäre Hälften habe.

Er vertrat die Ansicht, dass die erste dem Aufbau des Lebens in der äußeren Welt dient: Beruf, Beziehung und Familiengründung. Der Mensch will in dieser Phase primär soziale Ziele erreichen. Um die vierzig holt die Person das Wissen ein, dass das Leben begrenzt ist. Diese „seelische Mittagsrevolution" lässt einen in der mittleren Lebensphase erschrecken. Jung nutzte dazu das Bild der Sonne: man nimmt wahr, dass die Sonne, kaum auf der Mittagshöhe angelangt, wieder zu sinken beginnt. Der biologische Lebenszyklus hat zwar seinen Zenit schon überschritten, deshalb ist man noch lange nicht alt: Leben bedeutet, sich in aller Großartigkeit – und Gnadenlosigkeit – sich selbst gegenüberzustellen. Dann kommt es zur Lebenswende: „Eigenschaften, die seit der Kindheit verschwunden seien, treten häufig wieder auf, gegenwärtige Interessen verblassen, andere und neue Neigungen treten in den Vordergrund" (Kast 2016, S. 45).

So erleben viele Menschen im mittleren Alter wieder eine Sehnsucht nach Kreativität, die sie aus ihrer Kindheit kennen. Diese Auseinandersetzung mit der eigenen Identität, ist notwendig, um neue Ziele zu finden. Diese Auseinandersetzung mit dem Leben gibt dem Leben einen Sinn. Bisweilen ein schwieriger Weg, der aber zu fruchtbaren Neuentdeckungen führt.

Damit werden Lebensphasen und Lebenszyklen zum Prozess des Werdens, Wachsens, Veränderns und Vergehens lebender Systeme (vgl. Riemenschneider 2009, S. 13), die im Rahmen der persönlichen Entwicklung nicht nur in der Kindheit und in der Pubertät stattfinden. Vielmehr ist auch die Zeit als Erwachsener eine Zeit fortlaufender, individueller und persönlicher Entwicklung im Rahmen von Lebenszyklen bzw. Lebensphasen. Sie sind durch bestimmte Merkmale oder Merkmalskombinationen charakterisiert (Graf 2002, S. 94).

Die neuzeitlich bekannteste Einteilung der Lebensphasen ist die des Psychologieprofessors Erik H. Eriksons (1966, S. 55–123). Er ergänzte die psychosexuelle Entwicklung des Menschen, wie sie der Wiener Psychoanalytiker Sigmund Freud beschrieben hatte, durch die psychosoziale Komponente. Mit seinen Forschungen richtete Erikson seinen Fokus darauf, dass der Mensch unter Menschen lebt, Anteil an anderen Menschen hat und dass dies unabdingbar für die Entfaltung der Identität im gesamten Lebenslauf ist. Erikson ging davon aus, dass jedem Entwicklungsabschnitt unseres Lebens eine spezielle Lebensaufgabe zugeordnet ist, deren Lösung (oder das Scheitern an dieser Aufgabe) für unser weiteres Leben entscheidend ist. Kritik hat Erikson vor allen Dingen dafür bekommen, das die Erarbeitung dieser Themen nicht notwendigerweise mit einer Krise verbunden sind. Denn eigene Entwicklung kann auch dann stattfinden, wenn diese Krisen nicht gelöst werden. Die von Erikson formulierten Lebensthemen sind identitätsrelevant. Doch es ist eine lebenslange Aufgabe die Herausforderungen des Lebens anzunehmen und unsere Identität zu entwerfen.

Die Forschungen von Lawrence Kohlberg (1996) beschäftigen sich mit einem weiteren Konzept zu den Lebensphasen. Aufgrund seiner eigenen prägenden Erfahrungen hat er ein Modell entwickelt, das die Lebensreife in Bezug auf die Moralentwicklung abbildet. James Fowler (1981) erweiterte die Forschungen zu den Lebensphasen mit einer weiteren Ausführung. Sein Schwerpunkt lag auf den Stadien des „Glaubens". Damit bezog er sich weniger auf die Religion, sondern legte den Fokus auf das Vertrauen, die universale Verbundenheit und die Sinngebung in den unterschiedlichen Lebensphasen.

Eine derzeit sehr beachtete Arbeit ist die von Jane Loevinger (1976). Die Forscherin stieß im Rahmen statistischer Analysen auf ein unerklärliches Muster ihrer Daten und entdeckte, dass sich dahinter Entwicklungsmuster verbargen, die sie in Langzeitstudien validierte. Sie begriff sie nicht als eine feststehende Instanz, sondern wirklichkeitskonstruktivistisch als einen Prozess, der die Gedanken und Erfahrungen eines Menschen organisiert. Sie untersuchte Denkstrukturen auf vier Ebenen:

- *Charakter:* Umgang mit Impulsen und eigenen wie fremden Maßstäben
- *Interpersoneller Stil:* Art und Weise, mit anderen Menschen umzugehen
- *Bewusstseinsfokus:* Bereiche, die im Fokus der eigenen Aufmerksamkeit liegen.
- *Kognitiver Stil:* Art und Weise der verwendeten Denkstrukturen

Die Ich-Entwicklung (Abbildung 1, nächste Seite) vollzieht sich über eine bestimmte Anzahl von qualitativ unterschiedlichen Stufen. Diese Abschnitte der Persönlichkeitsentwicklung können Sie sich wie ineinander gestapelte Behälter vorstellen. Dabei beinhaltet die jeweils nächste Stufe alle Errungenschaften der vorherigen Entwicklungsniveaus und transformiert diese gleichzeitig. Einen Überblick und Vergleich über die verschiedenen Modelle finden Sie am Ende des Buches.

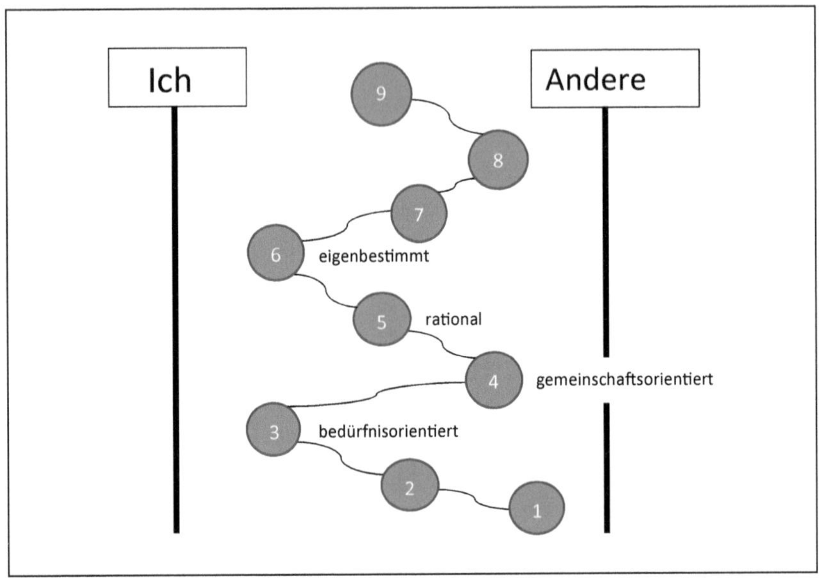

Abbildung 1: Ich-Entwicklung nach Jane Loevinger (1976)

1.2 Erkennen und Gestalten der Lebensphasen jenseits des 27. Jahres

Wir sind zeitlebens bemüht, Lebensaufgaben zu lösen. In der Adoleszenz wird das erste Mal lebensgeschichtliche Erinnerung bewusst und man interessiert sich dafür, wie man geworden ist und wie man werden möchte. Hier entsteht das bewusste Engagement für sich selbst in dem Sinne, dass man versucht, so authentisch wie möglich zu sein und sein wahres „Ich“ zu erkennen. Oft wird in dieser Zeit die Frage nach den familiären Wurzeln gestellt. Man möchte wissen, woher man kommt und mit wem man Ähnlichkeit hat. Dieser erste Eindruck der Lebensgeschichte wird im Laufe des Lebens weiter verändert. Jede Phase des Lebens führt zu einer Veränderung der Identität: mit jedem Bruch in der Kontinuität des Lebens, mit jeder damit (manchmal) verbundenen Krise ist der Mensch in der Lage, sein Leben zu korrigieren und einen neuen Blick auf das eigene Leben zu wagen.

Ich vertrete in diesem Buch eine Lebensspannenperspektive, die nach dem Kindes- und Jugendalter ansetzt (nach dem 27. Jahr) und dann das ganze Leben des Menschen umfasst. Die Betonung dieser Perspektive liegt nicht auf dem Ergründen der Ursprünge unserer Persönlichkeitsentwicklung aus der Kindheit und Jugend heraus und dem soziokulturellen „Werden“. Vielmehr geht es mir um das Erkennen und das Gestalten in Zeiten, in denen dies zunehmend eigenverantwortlich und bewusst möglich ist.

Wenn man so denkt und vorgeht, kommen zwangsläufig auch Veränderungen in den Blickpunkt, die erst mal als „Verluste" erscheinen, vor allem im höheren Alter. Im Kindesalter, mit dem sich die klassische Entwicklungspsychologie beschäftigt, stehen demgegenüber mehr die „Gewinne" (vgl. Wilkening/Freund/Martin 2013; Staudinger/Bluck 2001).

Bei näherer Betrachtung dieses ökonomischen Gedankens aus der Lebensspannenperspektive wird Folgendes deutlich: Entwicklung ist über das ganze Leben hinweg ein Zusammenspiel von Gewinnen (Zuwachs) und Verlusten (Abbau). Alle Altersbereiche sind jedoch darüber hinaus durch alterstypische Anforderungen, Ziele und Ressourcen gekennzeichnet. „Bereits bei Babys verschwinden beispielsweise am Ende des ersten Lebensjahres Fähigkeiten, über die sie noch Monate zuvor verfügt haben, und selbst bei Hochbetagten kann man noch seelisches „Wachstum" beobachten" weisen Wilkening, Freund und Martin (Wilkening/Freund/Martin 2013, S. 41 ff.) überzeugend nach.

Besondere Gewinne kann man in der Zeit des jungen Erwachsenenalters beobachten. Diese Phase ist charakterisiert durch sehr stark gewinnorientierte Aufgaben, die im Vordergrund stehen. Der Beginn der Berufstätigkeit oder die Etablierung im Beruf. Die Gründung einer eigenen Familie oder eines Unternehmens. Was junge Erwachsenen wohl am meisten herbeisehnen, ist Zeit. Sie erleben ein hohes Maß an Fremdbestimmung und den Verlust der Selbstbestimmung. Das steht oft im Widerspruch zu der Vorstellung, die man über sich selbst hat und die eigenen Erwartungen an das Leben. Man muss es wagen, sich mit allem, was man kann, in diesen Lebensphase einzubringen. Und man spürt schon: nicht alle Vorstellungen, Fantasien und Ideen werden realisiert werden können.

Das mittlere Lebensalter wurde in einer breit angelegten Studie der Konrad-Adenauer-Stiftung (Bujard/Panova 2014) untersucht. Die Autoren dieser Ausarbeitung definieren das mittlere Erwachsenenalter zwischen dem 35. und 59. Lebensjahr. Eine bedeutende Zeitspanne. Diese Lebensphase ist die längste Phase im Lebenslauf, in der sich gegenwärtig 36 Prozent (Stand: 2022) der Bevölkerung in Deutschland befinden. Frauen erleben diese Zeit stark unter der Prämisse des zunehmenden Verlusts: Durch das Klimakterium verändert sich der Körper und die Psyche. Der Verlust der Jugend wird von ihnen in vielen Fällen beklagt und von der Gesellschaft verstärkt. Dabei können Frauen gerade in den Wechseljahren eine sehr fruchtbare Zeit erleben, wenn sie sich aufmachen zur Selbstwerdung. Bei kinderlosen Frauen stellt sich eine Ernüchterung ein, dass sie nicht Mutter werden. Mit erfolgreichem Abschluss dieses Gedankens kristallisieren sich oft andere Ziele heraus. Bei Frauen, die in Ehe oder Familie eingebunden sind, entsteht etwas Entscheidendes: Die Kinder werden flügge und befinden sich auf dem Weg, etwas Neues zu starten. Bei Männern äußert sich dieses Lebensalter oft im Berufsleben. Sie erleben Angst, wenn sie merken, dass sie jetzt zu den reiferen Menschen an ihrem Arbeitsplatz gehören.

Auch der Lebensübergang in das Rentenalter, beim Übergang vom „jungen Alter" ins „ältere Alter" um die 70 Jahre herum und dann ins hohe und sehr hohe Alter, sind alles normative Übergänge, die zu Krisen und damit zu einer Überbetonung des „Verlustes" Anlass geben können, es allerdings nicht unbedingt müssen. Sie laden aber ein, an der eigenen Identität zu arbeiten und sie infrage zu stellen, um sich weiterzuentwickeln.

Das Alter anzunehmen ist eine Entwicklungsaufgabe, die in einer Welt stattfindet, die bestimmte Bilder über das Alter und das Altern hat. Es bleibt nur noch eine kurze Strecke bis zum Lebensende, von der man denkt, dass sie durch Krankheit, fehlenden Herausforderungen gekennzeichnet ist – so das subjektive Empfinden vieler Menschen. Es gab lange Zeit keine altersgerechten Bilder, da diese Entwicklung zu wenig erforscht war. In den letzten 20 Jahren hat sich viel getan. Durch die Berliner Altersstudie (Smith/Baltes 1998) und andere Forschungen hat sich ein realistisches Bild vom Altern, mit neuen Altersbildern lanciert.

Trotzdem oder gerade im Hinblick auf das Älterwerden und Altsein gibt es, von der Medizin bis hin zur Soziologie, keine einheitliche Terminologie. Aber die Unterscheidung zwischen „jungen Alten" und „alten Alten" ist weiterhin Konsens. „Als junge Alte gelten die Alten zwischen 60 und 80, die heute deutlich gesünder, fitter, autonomer leben als die gleichaltrigen Generationen vor ihnen" (Graf 2010, S. 13). Andere Autoren sprechen vom dritten und vom vierten Lebensalter, um die ganz „fundamentalen Unterschiede zwischen dem Alter der 60- bis 80-Jährigen und die Lebenserfahrung der Ältesten, hochbetagten oder, so der wissenschaftliche Jargon, Hochaltrigen über 80 zu betonen" (ebd.).

Leben bedeutet, sich in aller Großartigkeit – und Gnadenlosigkeit – sich selbst gegenüberzustellen. Zu beobachten, zu lernen, sich zu entwickeln. Die sind die Grundpfeiler des Humanismus und der Aufklärung. Das ist emanzipiert und erwachsen. In meiner Begleitung von vielen Menschen und auch in meinem eigenen Leben habe ich erfahren, dass es in „diesem Nachmittag", wie ihn Carl Gustav Jung beschreibt, viele kleine Nadelöhre gibt, durch die man sich hindurch fädeln muss. Wem es gelingt, ist oftmals glücklich als zuvor. Wem es noch nicht gelingt, hat weitere Chancen, wenn die Achtsamkeit und die Bewusstheit über diese wichtigen Entwicklungsschritte in Richtung Identität gegenwärtig sind.

Da die meisten von uns ein immer höheres Alter erreichen, sollten wir damit beginnen, über unsere Entwicklungsschritte in diesen Zeiträumen nachzudenken. Das kostet Mut. Das kostet Zeit. Und bereitet Selbstbestimmtheit, Autonomie und Vergnügen.

1.3 Lebensphasen als Wendepunkte

Wir Menschen können uns verändern. Das haben wir in der Zeit der Pandemie bewiesen; manchmal leichter, manchmal schwerer. Die Coronakrise hat uns beruflich wie privat tief erschüttert. Viele Menschen haben diese Zeit genutzt, um über ihr Leben nachzudenken. Sie haben Optionen durchgespielt und Varianten für ein besseres Leben erprobt.

Aus der Rückschau weiß jeder, dass sich vorher schon Zeichen angebahnt haben, die aber gerne übersehen werden. Manche Veränderungen können plötzlich über einen hereinbrechen, andere schleichen sich langsam an und werden über verschiedene körperliche und/oder psychische Symptome erahnbar. Eine Krankheit zum Beispiel oder der Tod eines lieben Menschen.

Eine Krise benötigt Zeit und muss wie alles im Leben reif werden. „Sie braucht nicht als Katastrophe daherkommen, sondern kann im stillen Gang äußerlich unauffällig, sich für immer entscheidend vollziehen" (Jaspers 2019, S. 28). Eine Krise kann der letzte Durchgang zu einer Veränderung sein. Im Leben eines Menschen kann das Leben genau zu diesem Zeitpunkt umschlagen. Durch die Krise kann allerdings auch neues Erleben möglich werden, es können neue Problemlösungsstrategien erlernt werden.

Krisen sind nicht immer Chancen. Es ist vielmehr so, dass wir damit unterschiedlich umgehen können. Man kann sich der Krise unterwerfen oder sie als mögliche Chance begreifen, um einen schöpferischen Umgang damit zu finden. Es ist eine Sache der Kreativität, eines ‚Möglichkeits-Sinns' ihr diese Bedeutung zu geben, so beschreibt es der Paartherapeut Dr. Hans Jellouschek. Für ihn gehört zum Repertoire der Lebensbewältigung, nicht nur einen nüchternen „Wirklichkeits-Sinn", sondern auch diesen „Möglichkeits-Sinn" zu entwickeln. Wenn das gelingt, führt das zu einer grundlegend positiven Perspektive und hoffnungsvollen Grundstimmung.

Die Amerikanerin Gail Sheehy (1998, S. 31) nutzt für diese Lebensnotwendigkeiten das Bild eines Hummers: Der Hummer wächst, indem er nacheinander eine Reihe harter, schützender Schalen entwickelt und wieder abstreift. Jedes Mal, wenn er sich ausdehnt, muss der alte Panzer weichen: Der Hummer ist schutzlos und nackt, bis sich eine neue Schale entwickelt. In Lebensübergängen gibt auch der Mensch bei jedem Übergang aus einer Phase zur nächsten eine schützende Struktur auf, ist dabei zunächst schutzlos und nackt, bis eine neue Schale wächst. Aber zugleich energiegeladen und quicklebendig.

Dieser Übergang zu einer erweiterten Identität ist erst einmal verunsichernd. Das heißt aber auch, dass Menschen sich wandeln können, dass sie anders sein können, dass sie etwas wagen und dass sie verzichten können.

Oft sind die auslösenden Momente für Lebenskrisen deutlich wahrnehmbar: Arbeitsverlust, Krankheit oder Tod eines geliebten Menschen, Mobbing. Und manchmal sind sie versteckt, nicht auf den ersten Blick erkennbar: diese Wendepunkte im Leben vollziehen sich unbemerkt und sind erst im Rückblick zu erschließen. Ein Kind kommt in die Kita und ist in der zweiten Gemeinschaft (erste Gruppe: Familie) seines Lebens, es wird erwachsen, ver- und entliebt sich, tritt in das Berufsleben ein, gründet eine eigene Familie oder entscheidet sich gegen Nachwuchs, vertraute Menschen sterben, die Lebensmitte stellt Fragen zum Sinn, Abschied und Loslassen von Vertrautem. Er wird älter, ist nicht mehr so leistungsfähig, wie er war, wird krank, der Tod kommt näher.

Es sind bedeutende Schlüsselstellen, die gelingen oder misslingen können. Getroffene Entschlüsse kann man zu einem späteren Zeitpunkt noch korrigieren. Vielleicht war es in einer früheren Zeit nicht möglich, die richtige Entscheidung zu treffen. Ein neuer Anlauf, sich mit dysfunktionalen Mustern im eigenen Leben auseinanderzusetzen. Und so werden diese Lebensübergänge, die auch mit Krisen verbunden sind, zu wichtigen Meilensteine im Leben. Krisenzeiten sind Wandlungszeiten. Zum Besseren oder zum Schlechteren.

1.4 Der „Crazy Quilt" der Identität

Menschen fühlen ihre Identität, wenn sich das Leben verändert. Sie nehmen sie wahr, wenn sich der Körper verändert oder die sexuelle Identität neue Nuancen bekommt. Identität wird erfahren im Beruf, bei Arbeit und Leistung. Es geht um Werte, um Kreativität – aber auch um Ökonomie und Status. Das sind die Lebensbereiche, in denen wir unsere Identität erleben, und dort finden auch die Identitätskrisen statt. Identität ist immer darauf angelegt, dass sie korrigiert werden kann, sie darf neu definiert und akzeptiert werden. Das ist ohne Zweifel das Spannende an der Identität. Sie ist nicht endgültig und wird nie fertig. Sondern sie verändert sich und wird gespeist durch Bilder und Vorstellungen.

Eine grundlegende Erfahrung von Identität zeigt sich darin, dass wir unabweisbar wissen, dass wir uns im Laufe des Lebens ständig verändern und indessen auch die Gleichen bleiben. Wir werden älter, und dennoch sind wir immer auch die, die wir früher einmal waren – auch wenn sich unser Wesen verändert hat. Menschen, die uns lange kennen, erkennen das Konstante und die Veränderung. Wir erleben die Identität als die Mitte unserer Existenz. Wie eine Synthese von dem, was wir alles schon waren und noch werden.

Das drückt sich gut in dem Entwicklungszirkel der Transaktionsanalytikerin Pamela Levin (1980) aus. Sie zeigt dort auf, wie ein Mensch innerhalb seines Lebens die Entwicklungsphasen Sein, Tun, Denken, Identität, Fähigkeit und Integration spiralförmig und erweiternd wiederholt. Er durchläuft verschiedene Stadien und hat dadurch die Gelegenheit, ungelöste Lebensthemen zu verändern oder sogar zu heilen (vgl. S. 127). Dadurch kann er aktiv sein Leben bestimmen.

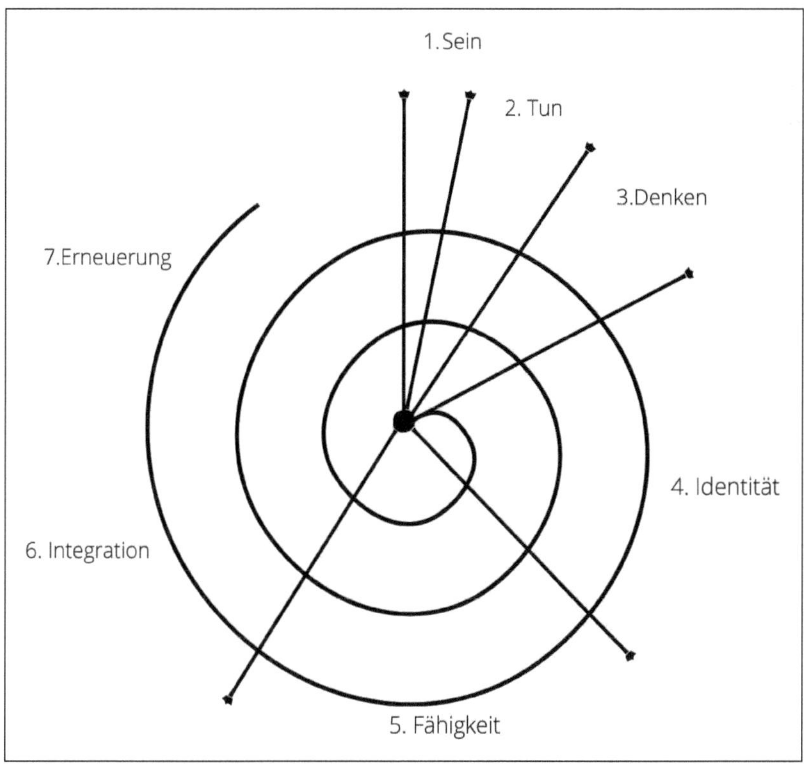

Abbildung 2: Zyklen der Entwicklung nach Pamela Levin (1980)

Der einzelne Mensch muss dementsprechend seine Identität selbst entwerfen, sich immer wieder neu entscheiden. Keupp (1988, S. 428) hat den Begriff der „Patchwork Identität" eingeführt, der sich etabliert hat. Die klassischen Patchwork-Anordnungen, geometrische Formen, die sich gleichmäßig wiederholen, entsprechen dem klassischen Identitätsbegriff. Der „Crazy Quilt" besteht aus wilden Verknüpfungen von Farben und Formen, im Herstellen eines solchen Teppichs kann sich Kreativität ausdrücken. Identitätsarbeit, Identitätsbildung heute, so Keupp, hat viel mit der Herstellung eines „Crazy Quilt" zu tun. Identität geht nicht verloren. Verloren geht jedoch jene Form der Identität, die wie der klassische Quilt vorhersehbar und geordnet ist. Nicht der Verlust der Mitte, so Keupp, ist festzustellen, sondern ein Zugewinn an kreativen Gestaltungsmöglichkeiten.

„Crazy Quilt" entsteht in einem schöpferischen Prozess und hat eine innere Kohärenz. Die Vielgestaltigkeit der Rollen, die der heutige Mensch leben muss, die Notwendigkeit, sich auf rasche Veränderungen, etwa im Beruf, in den Beziehung einstellen zu müssen, ist flexibel. Diese flexible Identität erfordert zwar, sich einmal wieder an neue Lebenssituationen und Anforderungen anzupassen, ohne schon Landkarten zur Orientierung zu haben. „Eine erfolgreiche Identitätsbildung entsteht durch das Testen alternativer Wert- und Zielvorstellungen und einer anschließenden Festlegung und Verpflichtung für eine dieser Alternativen" (Wilkening/Freund/Martin 2013, S. 101). Das will ausprobiert und geübt werden. Das Erwachsenenalter gibt dazu reichlich Möglichkeiten.

I Das Erwachsenenalter

Den Lebensabschnitt des Erwachsenenalters abzugrenzen, wird nicht biologisch, sondern primär soziokulturell durch die Entwicklungsaufgaben und Lebensabschnitte definiert. Für das gesamte Erwachsenenalter sind Entwicklungsaufgaben in den beiden Lebensbereichen Beruf und Familie vorherrschend. Beide Bereiche werden traditionell von Phasen des Aufbaus (Berufseintritt, Familiengründung), der Konsolidierung (Sicherung der beruflichen Karriere, Aufziehen der Kinder) und des Abbaus (Verrentung, Auszug der Nachkommen) gekennzeichnet. Im ersten Abschnitt dieses Kapitels wird das junge Erwachsenalter (28–40 Jahre) beschrieben anschließend das ältere Erwachsenenalter (40–59 Jahre) mit spezifischen Aufgaben dargestellt.

Von „Erwachsensein" spricht man, wenn

- die Ausbildung beendet ist,
- der Eintritt ins Erwerbsleben folgt,
- der Auszug aus dem Elternhaus ansteht,
- eine eigene Familie gegründet wird.

Dem Alter 0 bis 27 Jahre widme ich mich, wie bereits beschrieben, in diesem Buch nicht gesondert. Das Erwachsenenalter ab 28 Jahren teile ich in zwei Hälften. Das frühe Erwachsenenalter vom 28. bis 40. Lebensjahr und das späte Erwachsenenalter oder auch die Lebensmitte vom 40. bis 65. Lebensjahr.

Der zentrale Aspekt der Bestimmung des frühen Erwachsenenalters ist die Selbstständigkeit in der Lebensführung und zeigt sich durch die finanzielle sowie emotionale Unabhängigkeit von den Eltern (Wilkening/Freund/Martin 2013, S. 94). Das Verlassen des Elternhauses bedeutet, sich in eine neue Gruppe- und Geschlechtergruppe einzufügen, eine Berufswahl zu treffen und sich möglichst noch für eine weltanschauliche Richtung zu entscheiden. Eine schöne Zumutung! Von Erwachsenen wird erwartet, dass sie Verantwortung für ihr Leben und ihr Verhalten übernehmen. Signalisiert wird es durch die (gesetzlichen) Volljährigkeit, mit deren Erreichen eine Person rechtskräftige Verträge abschließen.

Im Gegensatz zu Kindern und Jugendlichen, die strafrechtlich nicht voll zur Rechenschaft gezogen werden können, auch wenn das Jugendstrafrecht bis zum Beginn des 21. Lebensjahrs angewendet werden kann (ebd.). Von wann bis wann die Lebensphasen andauern, unterliegt gesellschaftlichen Wandlungsprozessen sowie kulturellen und strukturellen Variationen.

So treten Kriegsflüchtlinge heute schneller in das frühe Erwachsenenalter ein als vor 30 Jahren. Auch die Geschlechterfrage hat einen Einfluss auf die Lebensphase: Während die meisten Frauen über dreißig sich zunehmend in ihren verschiedenen Rollen wohlfühlen, geraten die Männer häufig aus dem Gleichgewicht. Sie ringen mit der Definition, was es heißt ein Mann zu sein, und wie man sich in seiner Rolle wohl fühlt, ohne in überholte Verhaltensmuster zurückzufallen.

Die Abgrenzung zwischen Jugendalter und Erwachsenenalter treffe ich in diesem Buch mit dem Übergang von 27 zu 28 Jahren. Es ist auch das Höchstalter, bis zu dem Kindergeld in Deutschland gezahlt werden kann, das heißt die Abhängigkeit von gesunden Heranwachsenden von Ihren Eltern strukturell akzeptiert wird.

Der Übergang in die „Dreißiger" ist eine Art Initiation in das spätere Erwachsenenalter. Junge Erwachsene möchten etwas darstellen. Sie demonstrieren in der Öffentlichkeit ein „konstruiertes Ich" aus Können und Begabungen, Aussehen und gesellschaftlicher Stellung und hoffen auf Beifall und Erfolg. Die Dreißiger sind wie eine Kostümprobe, in der gezeigt wird, was man bieten kann, wenn man eine Hauptrolle bekommt. Es macht nichts, dass während dieser mühseligen Jahre ein anderes „Ich" präsentiert wird – vorausgesetzt, es ist nicht zu weit von dem entfernt, was wirklich ist. Im mittleren Erwachsenenalter ist es unumgänglich, einen Weg zu seinem wahren „Ich" zurückzufinden.

Wenn die Vierziger erreicht sind, überkommt die meisten Menschen ein Gefühl von Eile. Das Zeitgefühl verändert sich dramatisch. Monate vergehen ebenso schnell wie Wochen. Die Jahreszeiten wirbeln nur so vorbei. Im Alltag macht sich diese neue Lebensphase schleichend bemerkbar: „Verdammt, warum drucken sie die Gebrauchsanweisung für das neue Handy so klein"? Kleine Zipperlein werden größer.

In Anlehnung an Freund und Nikitin (2012) lassen sich die zentralen Kriterien zur Definition des mittleren Erwachsenenalters folgendermaßen zusammenfassen:

- Mitte des Lebens: Geht man von einer durchschnittlichen Lebenserwartung von rund 82 Jahren in westlichen Industrienationen aus, ist die Mitte des Lebens mit 41 erreicht.
- In der zweiten Hälfte des mittleren Erwachsenenalters steht die Stabilisierung der Karriere im Vordergrund. Die Verrentung gilt als ein Kriterium für den Endpunkt des mittleren Erwachsenenalters. Mit dem Übergang in den Ruhestand geht das Ausscheiden aus der aktiven Teilnahme am Produktions- und Erwerbsleben einher, was weitreichende Konsequenzen für die Lebenssituation mit sich bringt.
- In der Familie gilt, ähnlich wie im beruflichen Bereich, eine Etablierung und Stabilisierung als maßgebend des mittleren Erwachsenalter. Als ein

> zentrales Kriterium für den Endpunkt des mittleren Erwachsenenalters wird der Auszug des letzten Kindes aus dem Elternhaus angesehen. Dieser Übergang geht von einer Neuorientierung innerhalb der (Ehe-)Beziehung einher.

Oft kommt es in diesem Alter zu einem erneuten Ringen um die Identität, vergleichbar mit der Jugendzeit. „Wer bin ich eigentlich?" – oftmals ist dieser Ausruf ein Symbol für den Zwiespalt zwischen dem eigentlichen Alter und dem inneren Bild, das die 40- bis 60-Jährigen mit sich herumtragen. Viele Personen in diesem Alter versuchen etwas Neues oder werfen Altes über den Haufen, bei anderen bemerkt man keine Veränderung. Es gibt für die jetzige Generation kaum Vorbilder für dieses Alter. Die Welt ist schneller, moderner und vernetzter geworden. Kann man mithalten? Bleibt man stehen? Wer bin ich eigentlich?

Willkommen im mittleren Alter!

2. Das frühe Erwachsenenalter (28–38 Jahre)

„Unsere Wünsche sind die Vorboten der Fähigkeiten, die in uns liegen".
Johann Wolfgang von Goethe

2.1 Kurzinfo: Daten und Fakten

Die Lebensphase des früheren Erwachsenenalters, der Lebensabschnitt etwa zwischen dem 28. und 38. Lebensjahr, hat eine besonders hohe Bedeutung für die weitere Entwicklung der Menschen und auch für die Weiterentwicklung einer Gesellschaft. Der Einzelne greift sehr oft erstmals bewusst und aktiv in die Gestaltung seines Lebens ein. In dieser Zeitspanne geht es vor allem darum, die Wünsche und Sehnsüchte im Lebenskontext der beruflichen und familiären Entwicklung zu explorieren. Es geht darum, Entscheidungen zu treffen und die Verantwortung für ein erwachsenes Leben festzuzurren. Kurz gesagt: Es geht um die Entscheidung, Erwachsen zu sein und verantwortlich das eigene Leben zu übernehmen.

In der Literatur wird die Altersspanne unterschiedlich definiert. Laut dem Siebten Familienbericht der Bundesregierung ist der Zeitdruck, Entscheidungen zu treffen, zwischen dem 27. und 35. Lebensjahr besonders groß (vgl. BMFSFJ 2006). Harald Lothaller (2008) zufolge umfasst die Rushhour des Lebens den Lebensabschnitt zwischen Mitte 20 und Ende 30. Nach Bertram, Bujart und Rösler (2011) ist der Konflikt zwischen dem Lebensziel der Familiengründung und der beruflichen Etablierung und Karriereentwicklung in der Altersgruppe der 25- bis 35-Jährigen besonders stark ausgeprägt. Martin Bujard (vgl. Bujard/Panova 2012) verwendet die breitere Zeitspanne von 25 bis 40 Jahren.

2.2 Die Rushhour der Lebensentscheidungen

Der Ausdruck der „Rushhour" ist ein soziologischer Begriff (Bittman/Wajcman 2000, S. 165) und bezeichnet die Lebensphase „um die 30 Jahre". Die Metapher „Rush-Hour" ist griffig und fast selbsterklärend: In diesem Lebensabschnitt treffen die zentralen Lebensaufgaben aufeinander und verdichten sich. Die Suche nach der:dem richtigen Partner:in, Familiengründung, Kinder großziehen und im Beruf erfolgreich sein. Dass das nicht alles aufgehen kann, liegt auf der Hand.

Diese Zeit des Erwachsenenwerdens und -seins ist eine eigenständige und authentische Entwicklungsetappe mit ganz besonderen Herausforderungen. Ein historisch neues Phänomen, das zwar vereinzelt schon in den 1960er Jahren auftauchte und Anfang des 21. Jahrhundert bereits für über ein Viertel der entsprechenden Altersgruppe bedeutsam war (vgl. Bujard/Panova 2014, S. 14).

In dieser Zeit entscheidet sich, was tatsächlich aus einer Person wird. Die Fehler und Niederlagen, die wie in jeder Entwicklungsphase passieren, können weitreichendere Folgen und Konsequenzen haben als in vorhergehenden Entwicklungsphasen: zum Beispiel, ob man eine Familie gründen oder lieber ohne Kinder sein Leben gestalten möchte.

Junge Erwachsene stellen sich die Fragen: „Was ist, wenn ich auf das falsche Studium gesetzt habe? Was, wenn die langjährige Beziehung auseinandergeht? Will ich mich jetzt schon an jemanden binden? Kind oder Karriere? Wie können wir in unserer Partnerschaft unsere Berufstätigkeit koordinieren?"

Es ist eine Zeit, die „demografisch dicht" (Rindfuss 1991, S. 494) und prall gefüllt ist mit wichtigen Lebensereignissen und persönlichen Entwicklungsaufgaben. In keiner anderen Lebensphase finden so viele entscheidungsintensive Ereignisse statt. Gewinnorientierte Aufgaben (Wilkening/Freund/Martin 2013, S. 94) stehen im Vordergrund: der Beginn der Berufstätigkeit und die Etablierung im Beruf sowie die Gründung einer eigenen Familie. In dieser Lebensphase investieren junge Erwachsene viel Zeit in ihre Ressourcen und damit auch primär in Zugewinne in ihrem Leistungs- und Funktionsniveau (z. B. Gedächtnisleistung, Wissen, Gesundheit, gute soziale Beziehungen).

Akademische gebildete Menschen trifft es besonders: sie müssen in einem recht kurzen Lebensabschnitt von fünf bis sieben Jahren nach ihrem Studienende langfristige Lebensentscheidungen entscheiden. Durch die verlängerte Ausbildungsphase findet die Familiengründung oft erst später statt. Eine Folge davon kann sein, dass der Kinderwunsch auf einen zukünftig späten Zeitpunkt vertagt wird oder Frauen und Männer keine Familie gründen.

Anders ist es bei Menschen, die mit Anfang 20 bereits ökonomisch unabhängig sind. Sie haben ihre Ausbildung abgeschlossen und leben schon in einer Partnerschaft oder haben eine Familie. Für sie steht die Vereinbarkeit von Beruf und Familie im Vordergrund. Ein Alltag mit Baby oder Kleinkind will geplant sein. Der Familien- und Berufsalltag muss gut koordiniert werden und fordert Familien heraus. Das führt zu Konflikten zwischen den unterschiedlichen Ansprüchen. Junge Eltern sind einerseits von ihrem Beruf, andererseits von Öffnungszeiten der Kitas fremdbestimmt und finden vor lauter Fremdbestimmung nicht mehr ihren eigenen Weg oder den Zugang zu ihren Wünschen.

Der Wunsch nach Selbstbestimmung wird bedeutsamer: Der Spagat zwischen der eigenen Realität und dem, was man eigentlich wollte, wird immer größer. Diesen Widerspruch zu halten und gleichzeitig dem eigenen Leben Sinn zu verleihen, ist die wesentliche Aufgabe während des früheren Erwachsenenalters. Diese Lebensphase ruft nach dem inneren Kompass mit der Frage: „Wie will ich leben, und was will das Leben wohl von mir"?

Wünsche und Sehnsüchte

Bei den meisten jungen Erwachsenen steht die Sehnsucht nach Familie und Geborgenheit im Vordergrund. Doch der Druck, allen gerecht zu werden und die Ansprüche zu vereinen, ist groß. Die eigenen Wünsche, die Wünsche und Anforderungen der Partner, der Eltern und nicht zuletzt auch die der Arbeitgeber:innen unter einen Hut zu bringen, ist ein Balanceakt, bei dem die eigenen Lebens- und Karrierewünsche oft zu kurz kommen. Öffentlich Verantwortung zu übernehmen und eine passende soziale Bezugsgruppe zu finden sind weitere Themen, die junge Erwachsene zu bewältigen haben.

„Wünsche sind Vorgefühle der Fähigkeiten, die in einem Menschen liegen – Vorboten dessen, was wir zu leisten imstande sein werden", so beschrieb es Johann Wolfgang von Goethe (Goethe 2019, o. S.). Sie können dem Leben die richtige Richtung geben und zeigen auf, was noch nicht so recht bewusst hervortreten mag. Sie erlauben einen intimen und tiefen Zugang zum inneren Selbst, so führt es die Schweizer Psychoanalytikerin Verena Kast (Kast 2014, S. 107) aus. Ähnlich verhält es sich auch mit der Sehnsucht. Die Sehnsucht zeigt zentrale Lebensthemen an, die Teile von sich selbst, die man noch entwickeln möchte und die wir schon im Stillen besitzen. Etwas, was wirklich zu uns selbst gehört. Dabei ist Sehnsucht ein großes Wort. Es geht nicht darum, dass die Sehnsucht eine Erfüllung findet. Oft ist sie unrealistisch und man muss sich von ihr verabschieden. Die Sehnsucht kann aber genutzt werden, um mit etwas in Kontakt zu kommen, das in einem selbst vorhanden ist und sich in ein Lebensgefühl verändern kann.

Marlin, 30 Jahre alt, sehnt sich nach einem Motorrad und einer Reise durch Kanada. Sie hat ihr Studium gerade beendet und kein Geld, sich eine Maschine zu kaufen oder den Führerschein zu machen. „Ich hätte es mit 18 Jahren machen sollen, dann hätte es sich gelohnt, jetzt wollen Timo (ihr Freund) und ich bald eine Familie, dann kann ich eh' nicht fahren".

Die Familienplanung steht für Marlin im Vordergrund. Eine Familie zu haben, war ihr Ziel. Die Sehnsucht kann aber neue und andere Potenziale freisetzen. Was schlummert da noch? Was will aktiviert werden? Die Sehnsucht weist sie darauf hin, dass sie auch eine große Lust auf Freiheit hat, unterwegs sein und Neues entdecken. Vielleicht will sie ein Leben auf der Überholspur. Ist sie schon bereit für eine Familie oder ist erst etwas anderes dran nach Jahren des Lernens und Anpassens? Wie kann sie diesen verdeckten Wunsch mit ihrem Wunsch nach Familienleben unter einen Hut bringen?

Je deutlicher die Sehnsucht gespürt wird, umso genauer lernen Menschen ihr inneres Selbst kennen und umso mehr steigen die Chancen, die ersehnten Zustände ansatzweise und vielleicht auch auf eine andere Art und Weise zu verwirklichen. Die Sehnsucht liebt Bilder und Träume. In diesen Imaginationen zeigen sich Entwicklungsmöglichkeiten, die Potenziale und Talente, die jeder hat. Und manchmal auch nur das, was noch ansteht und aussteht.

Die Fähigkeit eines Menschen, sich etwas vorstellen zu können, wird als *Imagination* bezeichnet. Dabei geht es um das Bildhaft-Vorstellen von gegenwärtigen oder zukünftigen Situationen. Das kann über Träume und Symbole, aber auch über Märchen und Mythen geschehen. Diese von Carl Gustav Jung (1976) entwickelte Methode dient der Auseinandersetzung mit dem Unterbewussten und kann dabei unterstützen, neue kreative Wege im Leben zu finden.

„Es ist ein Suchen und Fragen nach etwas, das ganz erfüllt. Sie schlägt eine Brücke vom noch nicht ganz erfüllten Hier und Jetzt zu einem als erfüllt gedachten „Später". In ihr zeigt sich was wir anstreben: Sehnsucht nach etwas ganz anderem" (Kast 2014, S. 107).

In dieser Lebensphase gibt es eine starke Sehnsucht nach einem gelingenden Leben. Möglichst perfekt: im frühen Erwachsenenalter sucht man nach dem perfekten Mann, nach der perfekten Frau, nach dem perfekten Beruf und dem perfekten Team. Kurz: nach dem perfekten Leben. In den kommenden Jahren ist es schon realisiert, dass es dieses perfekte Leben nicht gibt. Die Sehnsucht bezieht sich in diesem Fall auf die Zukunft und kann zeigen, welche Alternativen noch möglich sind.

Die ersten empirischen Ergebnisse stützen eine elementare These von Paul Baltes: „Sehnsucht dient der Bewertung der eigenen Entwicklung" (Scheibe/

Freund/Baltes 2007, S. 784). Der Psychologe Baltes und sein Team arbeiteten unter anderem zwei mögliche Funktionen der Sehnsucht heraus:

- Die Sehnsucht unterstützt, mit der eigenen Unfertigkeit, Verlusten und dem nicht-perfekten Leben umzugehen. In der Sehnsucht kann man das erträumte perfekte Leben eben doch für eine Weile genießen.
- Die Sehnsucht kann dem Leben aber auch eine Richtung geben. Sie unterstützt, sich Ziele in den Lebensbereichen zu setzen, die einem besonders wichtig sind – eben in den Lebensbereichen der Sehnsüchte.

Die Sehnsucht bleibt dabei abstrakt und gibt keine Handlungsanweisung. Sehnsüchte sind wesentliche Elemente auf dem Weg zur Autonomie. Sie treten heraus aus dem Gewohnten und unterstützen bei gelegentlichen Stolpersteinen auf dem Lebensweg. Sich von Sehnsüchten erfassen lassen, heißt den Mut zu gewinnen, den es braucht, um in das Unbekannte hinauszugehen. Dabei ist es allerdings wichtig, dass das Gefühl der Sehnsucht kontrolliert wird, sonst kann sie sogar zur Melancholie führen.

Junge Menschen lernen in dieser Phase langsam, dass die Sehnsucht eine lebenslange Begleiterin bleibt: Es fehlt immer etwas und es steht jederzeit etwas aus. Und das, was man sich vor einem Jahr noch ersehnt hat, verändert sich. Die Sehnsucht ist ein wesentliches Element auf dem Weg zur Autonomie, denn immer wieder, wenn eine Durststrecke durchlaufen wird, kann die Sehnsucht Mut machen, den es braucht, um ins Unbekannte aufzubrechen.

Autonomie im Sinne der Transaktionsanalyse meint die Förderung wacher Bewusstheit, Spontanität und die Fähigkeit zur Intimität. Autonom sein bedeutet, dass Menschen in der Lage sind, Verantwortung für ihr Verhalten und auch für ihre Gefühle zu übernehmen. In der Konsequenz bedeutet das, dass jeder Mensch seine Gefühle und sein Verhalten verändern kann. Voraussetzung dafür ist eine aktive Entscheidung für diesen neuen Weg. Autonomie beschreibt ein Modell der Selbststeuerung.

Dabei geht es in der Entwicklung des Menschen nicht nur um Autonomie, sondern um ein ganz besonderes Gegensatzpaar: Geborgenheit und Autonomie. Die Spannung zwischen diesen beiden Polen zu halten, ist eine weitere bedeutende Herausforderung und Lernaufgabe in dieser Entwicklungsphase.

Viele Menschen in dieser Lebensphase schwanken zwischen der Frage: „Will ich mich jetzt schon binden und Familie haben oder ist mir meine Freiheit wichtiger?“ Für das andere bleibt noch so viel Zeit.

Balance finden: Zwischen Bindung und Autonomie

Die Gegensatzpaare Bindung und Autonomie bilden die Polarität dieser Lebensspanne. Bei dem einen steht der Wunsch nach Individualität im Vordergrund, bei der anderen überwiegt der Wunsch nach Zugehörigkeit, Geborgenheit und Bindung.

Nähe und Bindung auszuloten und zuzulassen, ist ein wichtiger Schritt der Entwicklung in diesem Alter. Wie viel Distanz ist nötig? Wie viel Nähe darf sein? In der partnerschaftlichen Beziehung geht es darum, eine symmetrische Liebesbeziehung zu leben – ohne sich weder vollkommen zu verschmelzen noch zu distanzieren. Das führt bei Paaren in vielen Fällen zur Unzufriedenheit. Das Gleichgewicht in der Partnerschaft zwischen „Anspruch und Wirklichkeit" zu finden, ist oft mühselig und kostet Anstrengung.

Marcel, 28 Jahre alt, und Sven, 32 Jahre alt, sind gerade zusammengezogen. Der Beruf nimmt bei beiden viel Raum ein. Sie haben einen großen Freundeskreis. Marcel liebt Partys und ist viel unterwegs, Sven mag es, sich zu Hause aufzuhalten, zu kochen, zu lesen und die Nähe zu Marcel zu genießen. Immer häufiger geraten sie aneinander. Sven wirft Marcel vor, dass er zu viel auf Achse ist und zu wenig Partnerschaft lebt. Marcel fühlt sich von Sven eingeengt und ist daher noch mehr unterwegs.

Hier stehen zwei unabhängige Egos voreinander und müssen ihren Weg in die Intimität finden. Mit dem Begriff „Intimität" nutze ich einen Fachbegriff der Transaktionsanalyse, der weit über körperliche Intimität hinaus geht.

Intimität beschreibt eine echte und authentische Begegnung, in der man den:die andere:n anerkennt und ehrlich mitteilt, wie man zu ihm:ihr steht und wie es einem selbst in dieser Beziehung geht. Das heißt, dass man das in den Kontakt mit dem:der anderen bringt, was im Moment bedeutsam und relevant für einen selbst ist und den:die andere:n nicht zu spezifischen Verhaltensweisen drängt. So entsteht eine neue Form von Verbundenheit. Intimität ist neben Bewusstheit und Spontanität eine der drei Fähigkeiten, in der sich autonomes Verhalten zeigt. So versteht die Transaktionsanalyse „Autonomie". Autonomie ist ein Prozess, der ein Leben lang andauern kann. Da Autonomie viele unterschiedliche Ebenen berührt, entwickelt man sich immer ein bisschen autonomer als bisher.

Viele Dinge stehen dieser wichtigen Aufgabe „der Schaffung von Intimität" im Weg: der Beruf, die Ablenkung über Social-Media-Kanäle, die wenige Zeit, der Vergleich mit anderen. Gelingt diese Balance, zeigt sich das in der Fähigkeit zur

Liebe und Intimität. Scheitert dieser Prozess, zeigt sich das in einem Gefühl von Einsamkeit und Isolierung.

Eine Partnerschaft zu führen, unterliegt Phasen. Ein erstes Verliebtsein so lange wie möglich auszukosten – das wollen die meisten Paare. Die Fähigkeit zu Liebe und Intimität beinhaltet aber mehr. Vincent Lenhardt (1992, S. 88) hat uns ein Modell zur Verfügung gestellt, das aufzeigt, wie die einzelnen Phasen der Entwicklung von Intimität bei gleichzeitiger Entwicklung von Autonomie gelebt werden können. Bezogen auf die Partnerschaft von Marcel und Sven könnte es so aussehen:

Phase	Qualität der Beziehung	Entwicklungsimpuls
Abhängigkeit	Starkes Zugehörigkeitsgefühl und Verschmelzungswunsch. Das führt zur Unselbstständigkeit.	Wer hat welche Stärken und wie können sie genutzt werden? Gegenseitige Ermutigung neues auszuprobieren.
Gegenabhängigkeit	Konflikte zwischen den Bedürfnissen. Beide werden trotzig.	• Ein „Nein“ zulassen • Konflikte zulassen • Grenzen setzen und Vertrauen zeigen
Unabhängigkeit		Die Distanz und das Anderssein zulassen. Verantwortung für das eigene Leben zulassen. Welche Gestaltungsmöglichkeiten haben sie als Paar?
Wechselseitige Abhängigkeit in Bezogenheit	Sich als Ganzes zu erleben und Individualität zulassen.	Bezogenheit und Augenhöhe, d. h. auch loslassen von überzogenen Partnerschaftswünschen. Korrektiv für den anderen sein.

Tabelle 3: Autonomieentwicklung angelehnt an Vincent Lenhardt (1992)

Freiheit und Bindung sind ein Schwesternpaar, das den Menschen in seiner Existenz lange Zeit begleiten wird. Das Leben kann wohl nur glücken, wenn es gelingt, eine dynamische Balance zwischen den beiden Polen herzustellen. Das geht nicht ohne Reibungspunkte – dafür sind beide Pole zu spannungsreich. Wenn die Unabhängigkeit und die Freiheit im Vordergrund stehen, droht eine Getriebenheit, eine Überbewertung von Bindung und Nähe bedeutet hingegen eine festgefahrene Erstarrung und Langeweile.

Neben der Berufs- und Beziehungsfindung ist diese emotionale Arbeit ein weiterer Krisenpunkt für die Rushhour des Lebens. Werte in den verschiedenen Lebensphasen in die Balance zu bringen, ist ein Zugang zu einer erfüllten Lebensart.

Orientierung bietet das Wertequadrat, mit dessen Hilfe Paul Helwig (1967) und später der Hamburger Kommunikationspsychologe Friedemann Schulz von Thun (1989) die Beziehung zwischen scheinbaren entgegengesetzten Handlungstendenzen verdeutlicht haben.

Viele Regungen, die im Prinzip für positiv gehalten werden, sind isoliert betrachtet, kaum beurteilbar. Zwischenmenschliche Nähe kann man bejahen, aber es gibt auch gewisse Übertreibungen dabei. Distanz ist andererseits notwendig; aber sie sollte sich in einem Rahmen halten, dass der Mensch räumlich, seelisch und kommunikativ noch erreichbar bleibt. Nähe und Distanz, die zunächst wie unvereinbare Antagonisten erscheinen, können einander ergänzen und wechselseitige korrigieren. Dies gilt innerpsychisch; der Mensch wird vollständiger dabei. Aber auch zwischen Personen vermögen Nähe und Distanz sich wechselseitig zu regulieren, wenn diese beide Impulse von den Beteiligten bejaht und als legitime Teile der Begegnung betrachtet werden (Abbildung 3).

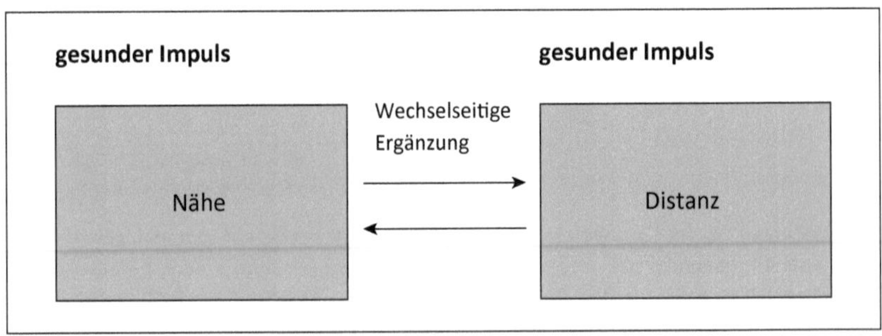

Abbildung 3: Das Wertequadrat von Friedemann Schulz von Thun (1989)

Ergänzung und Ausgleich sind erforderlich, weil jeder gesunde Impuls eine Schattenseite hat, einen negativen Gegenpol. Wenn man einen Impuls also mit allzu großem Eifer zu verwirklichen versucht, so schießt man leicht über das Ziel hinaus und landet bei der Einseitigkeit und Übertreibung. Sparsamkeit wird so zu Geiz, Fröhlichkeit zu läppischen Flachsinn, Wissenschaft zu Erbsenzählerei. In einer partnerschaftlichen Beziehung kann Nähe sich schnell zu symbiotischer Abhängigkeit entwickeln und Distanz zu einer schroffen Zurückweisung (Abbildung 4).

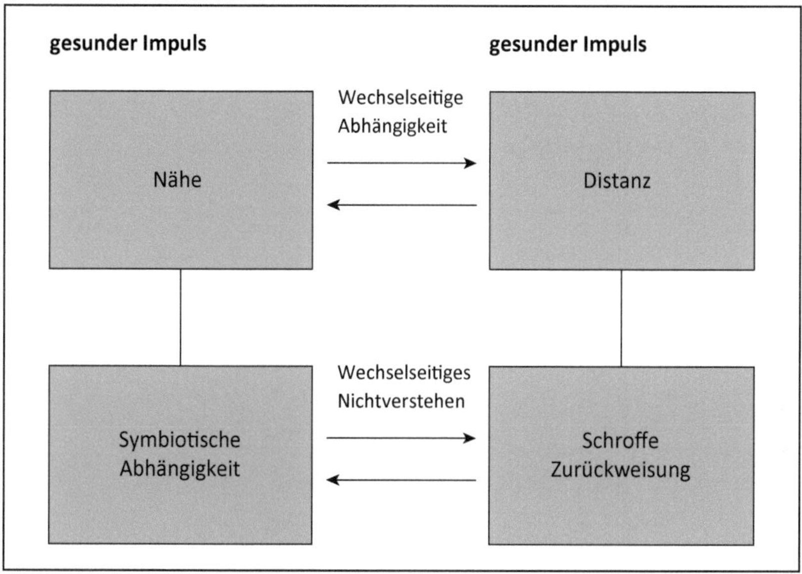

Abbildung 4: Das Wertequadrat von Friedemann Schulz von Thun (1989)

Zwischen diesen beiden Impulsen gibt es weder Verständnis noch Verständigung. Eine Person, die zwischen beiden schwankt, erlebt sich im unüberbrückbaren Konflikt. Werden die Regungen durch verschiedene Menschen repräsentiert, so kann man damit rechnen, dass beide einander fremd bleiben und sich nicht angenommen fühlen.

Gut ist es, wenn diese Fehlformen überwunden oder abgeschwächt werden. Dazu ist es erforderlich, von den Fehlformen jeweils eine Verbindung zu dem diagonal gegenüberliegenden Grundimpuls zu finden und sich vermehrt an ihm zu orientieren. Wer sich also in der Position der Abhängigkeit befindet, kann sich vornehmen, ein gewisses Maß an Distanz einzuüben; wer zur Zurückweisung neigt, kann lernen, ein gewisses Maß an Nähe zu tolerieren und manchmal auch zu praktizieren. Auf diese Weise finden beide ein wenig zu den Grundimpulsen Nähe und Distanz in wechselseitiger Ergänzung zurück (Abbildung 5, nächste Seite).

Eine Lernaufgabe in dieser Zeit besteht darin, sich im Gelingen dieser Dialektik in der spannungsreichen Vereinigung der Gegensätze zu positionieren. Bezogen auf das Beispiel bedeutet das, das Marcel lernen kann, Nähe zuzulassen und seinen Weg zwischen Partys und Gemütlichkeit zu finden. Sven hat

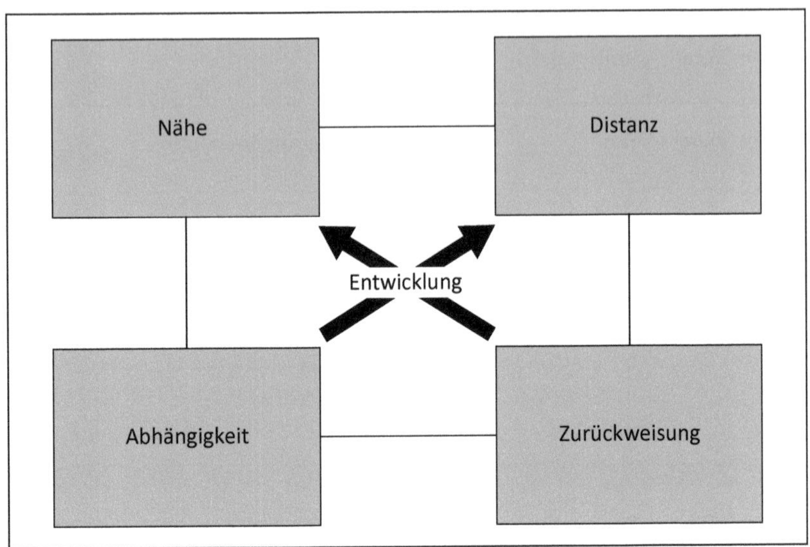

Abbildung 5: Das Wertequadrat von Friedemann Schulz von Thun (1989)

die Aufgabe, die Häuslichkeit und die Distanz als Qualität zu betrachten. Beide können ihrer Partnerschaft einen neuen Wert geben, um nicht in eine abhängige Beziehung zu geraten. Gemeinsam können sie einen Weg finden, um eine erfüllte, ihren Bedürfnissen entsprechende Partnerschaft zu leben.

Welche Gegensätze aufgrund unserer Persönlichkeit oder aufgrund unseres Lebensschicksals als besonders kraftvoll nach Verwirklichung streben und in erster Linie konfliktreich miteinander ringen, liegt am Wesen des Menschen bzw. genauer gesagt an seinem Aufwachsen und seiner Umgebung. In der Transaktionsanalyse wird dann von frühen Lebensentscheidungen oder dem unbewussten Lebensplan (Skript) gesprochen.

Der Begriff des *Lebensskripts* beschreibt, dass jeder Mensch in seiner Kindheit eine Lebensgeschichte, ein Skript, entwirft. Diese Geschichte ist wie ein persönliches Theaterstück, sie hat einen Anfang, eine Mitte und ein Ende, und sie verfügt auch über eine eigene „Dramaturgie“. Die Grundlage dafür entwickelt der Mensch in seinen frühesten Jahren aus dem, was ihm dort widerfahren ist. Auf einer unbewussten Ebene entwirft das kleine Kind eine Art Lebensdrehbuch. Transaktionsanalytiker:innen sprechen dann von einem „unbewussten Lebensplan“. Viele der unzähligen positiven und negativen Botschaften der Eltern oder anderer wichtiger Menschen, magische Ideen, Missverständnisse, Überzeugungen und die daraus resultierenden Schlussfolgerungen werden als Muster abgespeichert, um sich in der Welt zu orientieren. Ein wahrhaft kreativer Akt! Mit diesen Mustern ausgestattet, versucht er sich in der Welt zu orientieren und legt gleichzeitig die Richtung seines Lebens fest. Die mehr unbewussten Aspekte der Lebensskriptmuster stammen meist aus den frühen Entwicklungsjahren, in denen das Kind noch keine Sprache zur Verfügung hat, um sich seiner Empfindungen Erfahrungen mit Worten bewusst zu werden (Schmale-Riedel 2016, S. 32). Dadurch erhält das Skript oft verschwommene gefühlte Erfahrungsmuster, die sich später beim Erwachsenen auch eher als gefühlte Muster zeigen und nicht klare Gedanken in Form von Glaubenssätzen. Auch wenn das Kind älter wird und sich äußere Bedingungen ändern (als Erwachsener ist jemand nicht mehr auf die Zuwendung aller ihn umgebenden Menschen angewiesen), lebt es entsprechend dieser „subjektiven Wahrheit" (Kessel/Verres/Raeck 2021, S. 77). In Stresssituationen greifen Menschen dann auf Verhaltens-, Denk- und Fühlweisen zurück, die ihnen vertraut sind und Sicherheit vermitteln. Dennoch steuern Menschen ihr Leben meist so, dass es zu ihrem Skript passt – gleich einer ‚Self fulfilling Prophecy', also einer sich selbst erfüllenden Prophezeiung.

Dieses Thema beschäftigte auch die Bindungsforschung. Die Bindungstheorie von John Bowlby und Mary Ainsworth (Bowlby 1976) befasste sich Mitte der 80er Jahren mit den Einflüssen der mütterlichen Feinfühligkeit und ihrem Einfluss auf die zu entwickelnde Bindungsqualität bei Säuglingen und Kleinkindern – eine wichtige Arbeit für das spätere Bedürfnis nach Nähe und Distanz. Denn die Art, wie wir in den ersten Lebensjahren Zuwendung erhalten haben, bestimmt ganz wesentlich unser Beziehungserleben.

Patrizia und Nick sind seit einiger Zeit ein Paar. Nach der anfänglichen Verliebtheitsphase streiten sie sich immer häufiger. Nick zieht sich oft zurück. Die Verabredungen mit Patrizia sagt er kurzfristig ab und vermeidet körperliche Nähe. Patrizia ist verzweifelt und fragt sich, was sie falsch macht. Nick versichert ihr, dass sie nichts falsch macht. Er ist überzeugt davon, dass sie gut zusammenpassen und dass er sie liebt. Über sein ambivalentes Verhalten ist er selbst stark irritiert. Nick ist unsicher-ambivalent gebunden. Seine tiefe Sehnsucht nach Beziehung wird immer wieder durch seine frühkindliche Erfahrung sabotiert. Durch die Beziehung zu Patrizia hat er die Möglichkeit neue Erfahrungen zu sammeln und „alte" Schlussfolgerungen überschreiben.

Wenn Menschen in den frühen Jahren eine gute, *sichere Bindung* erfahren haben, können sie sich später auf eine Bindung einlassen und wichtigen Personen in ihrem Leben Vertrauen entgegenbringen. War die Bindung zu den Eltern unsicher oder unzuverlässig, wurde sie *ambivalent* erlebt, daraufhin fehlt für spätere Beziehung das Urvertrauen, das der:die andere da ist und dass man sich darauf verlassen kann. Feste Bindung werden deshalb oft vermieden, um nicht enttäuscht zu werden, oder es passiert das genaue Gegenteil: Es wird geklammert, um sich die Nähe der anderen Person zu sichern. Von einer *unsicheren* Bindung spricht man, wenn in der ersten Zeit des Lebens die Bindungsperson als zurückweisend erlebt wurde. Menschen mit diesem Bindungsstil wissen nicht, wie man Nähe/Bindung einerseits und Autonomie/Freiheit andererseits zu gleichen Teilen leben kann.

Bindungstypen	**Frühkindliche Erfahrung**	**Spätere Auswirkung**
Sicher gebunden	Diese Kinder setzen großes Vertrauen in die Zuverlässigkeit und Verfügbarkeit der Bindungsperson und sehen sie als sichere Basis.	Gesundes Vertrauen in andere und in sich selbst. Konflikte werden nicht als bedrohlich empfunden.
Unsicher vermeidende Bindung	Unsicher vermeidend gebundene Kinder haben die Bindungsperson als zurückweisend verinnerlicht. Um diese Zurückweisung zu vermeiden, entziehen sie sich dieser Person.	Verbergen Emotionen und antizipieren ungünstige Reaktionen, um die eigene Autonomie zu schützen.
Unsicher ambivalente Bindung	Unsicher ambivalent gebundene Personen erleben ihre Bindungsperson als unberechenbar und widersprüchlich. Sie entwickeln daraus ein Bedürfnis nach Vergewisserung und Kontrolle.	Sehnsucht nach Nähe und Streben nach Distanz. Beziehung und Intimität bedeuten Verlust von Autonomie.

Tabelle 4: Bindungstheorie

2.3 Beruf und Familie

Früher gab es typische Rollenmodelle für das Erwachsenwerden: Schule, Ausbildung, Berufstätigkeit, Heiraten und Familie. Der Weg war vorgezeichnet. Die Erwartungen waren offensichtlich und wurden von den meisten jungen Erwachsenen gar nicht infrage gestellt, vielmehr haben sie nicht über Alternativen nachgedacht.

Heute sind die Berufsbiografien anspruchsvoller geworden und die Ausbildungsphase hat sich verlängert. Der Berufseinstieg erfolgt oft über Praktika, befristete Arbeitsverträge und Qualifizierungsstellen und dauert mehrere Jahre, bis man endlich einen entfristeten Vertrag bekommt. Gleichzeitig wächst die Mobilitäts- und Flexibilitätsanforderung des Arbeitsmarktes. Akademiker kommen spät in die ökonomische Selbstständigkeit, da viele erst mit Anfang von 30 Jahren ein beständiges Einkommen haben.

Die berufliche Unsicherheit und späte wirtschaftliche Selbstständigkeit erschweren eine Entscheidung für die Gründung eines gemeinsamen Haushalts und einer Familie. Auch das Fehlen eines Partners ist oft ein entscheidender Grund dafür, die Familiengründung aufzuschieben. Dieser Aspekt erhöht den zeitlichen Druck in der Altersgruppe der 27- bis 40-Jährigen. Hinzu kommt, dass mit zunehmendem Alter die Partnersuche eher schwieriger wird.

Inzwischen bringen 42 Prozent der bundesdeutschen Akademikerinnen ihr erstes Kind nach ihrem 35. Geburtstag zur Welt. Dabei gilt ein Alter von 35 Jahren nach den Mutterschaftsrichtlinien des G-BA (vgl. Bundesanzeiger 2022) als Grenze für Risikogeburten. Das ist bei vielen Frauen bewusst: Sie müssen mit der Angst leben, den optimalen Zeitpunkt für die Familiengründung zu verpassen. Eigentlich wollten sie schon immer Kinder, doch es passt vorher nicht. Sie hatten Angst vor einem Karriereknick. Oder haben ihn erlebt, nur weil sie eine Frau im sogenannten gebärfähigen Alter sind. Das Hinauszögern von Geburten bis zum Alter von 35 Jahren, genauso wie die endgültige Kinderlosigkeit von 30 Prozent bei Akademikerinnen, sind Indizien für die Überbelastung in dieser Lebensphase.

Lena ist 34 Jahre alt und hat gerade ihren Master in Germanistik abgeschlossen. Sie hat eine befristete Stelle in Frankfurt. Leon, 38 Jahre, Mediziner, bekommt ein attraktives unbefristetes Jobangebot in Hamburg. Beide wollten nach ihrem Studium zusammenziehen und nach dem Berufseinstieg heiraten und eine Familie gründen. Die Realität passt nicht mehr zu ihren Plänen. Sie kommen an einen Punkt in ihrer Beziehung, an dem es um die eigenen Bedürfnisse geht. Was will ich vom Leben? Wie wichtig ist der Beruf? Welche Weiterbildungen und weiteren Karriereschritte wollen Lena und Leon noch machen? Welche Gewichtung hat die Beziehung und welchen Stellenwert hat der Beruf? Sind sie bereit für eine Fernbeziehung? Sie stellen in ihren Gesprächen fest, dass ihre Interessen sich in unterschiedlichen Bedürfnissen abbilden.

Neben den physiologischen Notwendigkeiten, wie atmen und essen, gibt es noch weitere Grundbedürfnisse. Diese Wahrnehmung der Grundbedürfnisse zeigen dem Menschen auf, was er braucht. Sie zeichnen den Menschen als soziales Wesen aus und bewirken eine Potenzialität: die Fähigkeit, sich selbst und andere zu achten und wertzuschätzen (Zuwendung), sich wechselseitig anzuregen (Stimulation) und das Leben gut zu strukturieren und kontrollieren (Struktur). Das Bedürfnis nach Struktur entspricht dem Bedürfnis nach Sicherheit, nach Kontrolle und auch nach Halt und Grenzen. In der Transaktionsanalyse spricht man auch von dem 3-S Modell: Strokes (Zuwendung), Stimulation und Struktur (Abbildung 6).

Alle Menschen haben diese psychologischen Grundbedürfnisse, die lebensnotwendig sind:

- *Stimulation:* Berührung und Anregung
- *Strokes:* Anerkennung und Zuwendung
- *Struktur:* Zeitgestaltung und Ordnung innerhalb der sozialen Kontaktmöglichkeiten

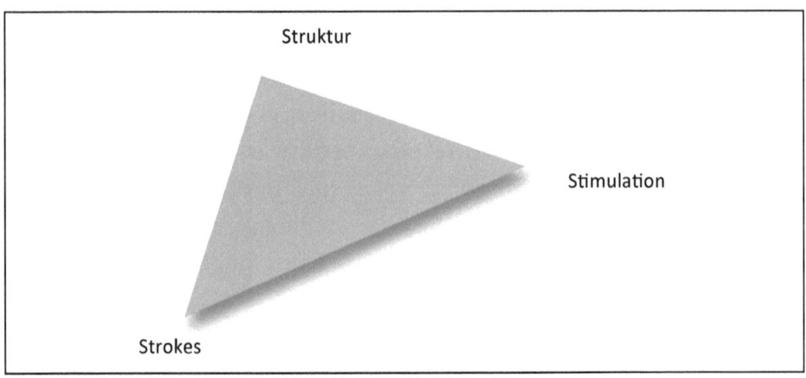

Abbildung 6: Grundbedürfnisse nach Eric Berne (1972)

Das Bedürfnis nach *Stimulation* bezieht sich auf den Körper, den Geist und die Seele. Die Herausforderungen, die das Leben stellt, bewirken die Bereitschaft und die Fähigkeit, sich weiterzuentwickeln. Gibt es eine solche angemessene Stimulierung nicht, sind Menschen schnell gelangweilt und demotiviert. Leon und Lena können sich gegenseitig das Bedürfnis nach Stimulation anerkennen. Was sind ihre ureigensten Stimulationsbedürfnisse in diesem Fall? Was kommt von außen, von der Gesellschaft? Die Anerkennung und Diskussion dieser Stimulation in der Rushhour des Lebens, so wie wir es bei Lena und Leon sehen, hilft schon, die Anforderungen einzuordnen und zu differenzieren.

Strokes[2] sind Zuwendungen in Form von Berührungen oder verbalen und nonverbalen Kontakten – zum Beispiel, wenn jemand etwas Freundliches sagt. Menschen bemühen sich von Geburt an um Strokes. Sie sind die Botschaft,

2 Strokes können als positiv oder negativ erlebt werden. Das spiegelt sich schon in der Doppeldeutigkeit des Wortes „Stroke“ wieder, da man es als ‚Stromschlag‘ oder als ‚streicheln‘ übersetzen kann.

dass der Mensch wahrgenommen wird und jemand da ist, der sich sorgt. Die Zurückweisung oder aber Befriedigung entscheidet, wie sich *die Kommunikation gestaltet.* Das gegenseitige Anerkennen von dem, was Lena und Leon in ihrem Leben schon geleistet haben, ist ein wesentlicher Faktor für eine gelingende Partnerschaft in trubeligen Zeiten. Das Aussprechen von Wünschen und Bedürfnissen in diesem Rahmen unterstützt den gegenseitigen Respekt.

Sobald sich Leon und Lena zugestehen können, dass sie die Kontrolle über ihr Leben haben und sich nicht anderswirkende Kräfte unterordnen müssen, geben sie ihrem Bedürfnis nach *Struktur* nach und können ihre Prioritäten erkennen. Dabei stellen sie fest, dass sie sehr unterschiedlich in ihrem Strukturbedürfnis sind. Lena möchte viel Zeit mit ihren Freundinnen und ihrer Familie verbringen. Sie möchte auch arbeiten und mit Leon zusammen sein. Sie braucht mehr Zeit für diese vielen Bedürfnisse. Für Leon ist die Karriere und der Kompetenzaufbau im Moment wichtig. Er braucht dafür Zeit. Jetzt können sich beide dafür entscheiden, dass sie erst eine Fernbeziehung leben und dann weiter planen.

Wenn die beiden sich entscheiden müssen, ob sie zusammen ihr Leben verbringen, zeitweise getrennt oder eine:r seine:ihre Berufswünsche verändert, gelingt die Kommunikation darüber leichter, wenn sie sich gegenseitig ihre Grundbedürfnisse zu- und eingestehen. Daraus können erste, neue Schritte generiert werden. Der Blick für noch andere Lösungen wird geweitet.

Interview mit Friederike von Tiedemann

© Chris und Rainer Stock-Müller Fotostudio, Freiburg im Breisgau))

Friederike von Tiedemann, Dipl.-Psychologin, approbierte Psychotherapeutin. Lehrtherapeutin für Systemisch Integrative Paartherapie und Leiterin des Hans Jellouschek Instituts Freiburg-Hamburg.

CB: An welchem Punkt einer Paarbeziehung gehen Paare in die Paartherapie?

FvT: Wenn das Paarsystem erstarrt ist oder dabei ist, sich aufzulösen. Die bisherigen Lösungsstrategien greifen dann nicht mehr und können das unter Stress geratene Paarsystem nicht mehr genügend ausbalancieren. Einer oder beide Partner sind an ihrer Grenze, spüren deutlich ihre seelische Not. Sie fühlen sich im Kontakt nicht mehr wohl. Sie merken es daran, dass die üblichen Mittel erschöpft sind, um die Aufmerksamkeit vom anderen zu bekommen: Streiten, Verurteilen, Klagen, Mauern. Es kann aber auch die Verweigerung von Sex sein, Alkoholkonsum, Spielsucht oder das Vorschieben von Arbeit, die Ursachen sind, den Kontakt zu vermeiden. Wenn ein Paar in einer negativ aufgeladenen Symbiose gefangen ist, dann suchen sie Hilfe.

CB: Was ist, wenn einer der Partner nicht in die Paartherapie will?

FvT: Eigentlich ist es der Normalfall, wenn einer der Partner früher merkt, dass es in der Beziehung nicht mehr stimmt. Menschen haben unterschiedliche Wahrnehmungen und Selbstregulierungskräfte: einer erträgt länger suboptimale Verhältnisse, ist entsprechend weniger motiviert, etwas Neues zu wagen, und der andere ist ansprechbarer für Veränderungen. Tendenziell sind das (immer noch) eher Frauen, die Kontakt zu mir aufnehmen. Dann ist die entscheidende Frage am Anfang einer Therapie für den weniger motivierten Teil des Paares: „Sind Sie noch einmal bereit, Energie zu investieren, für einen gemeinsamen Entwicklungsprozess Ihrer Beziehung?"

Diese Frage impliziert eine Entscheidung zum Wachstum, welche das Paar fällen muss. Denn was beide in der Partnerschaft noch verbindet, ist das Leiden an der Paarbeziehung und der Wunsch, dieses Leiden aufzulösen. Wenn ein Partner noch zurückhaltend ist, spreche ich zuerst mit demjenigen, der den Kontakt zu mir aufnimmt. Ich rufe dann den anderen an und lade ihn ebenfalls zunächst zu einem Einzelgespräch mit der Begründung ein, nun auch seine Sichtweise besser kennenlernen zu wollen. Diese Frage zeigt mein Interesse und vermittelt ihm, dass er in seiner Individualität angenommen ist und als eigenständige Person gesehen wird. Wenn das gelingt, entsteht ein Arbeitsbündnis mit beiden für den Start der Paartherapie. Es ist zu Beginn die Kunst, Paare dafür zu gewinnen, sich auf einen gemeinsamen Entwicklungsprozess einzulassen, jemanden Dritten gegenüber ihren Paar-Raum zu öffnen und sich für eine bestimmte Zeit anzuvertrauen.

CB: Wie geht es dann weiter?

FvT: Unsere Aufgabe als Paartherapeutinnen besteht vor allem darin, Paaren einen sicheren Rahmen zu geben. Nur in einem sicheren Rahmen kann das Paar sich verändern, sich öffnen, Neues ausprobieren, Themen klären und den schmerzlichen Punkten zuwenden. Der sichere Rahmen ist davon geprägt, das ich wahrnehme und annehme, womit auch immer das Paar da ist. Die ersten Schritte zur

Versöhnung finden innerhalb dieses Rahmens statt. Paare werden vor allem vor ihren destruktiven Mustern geschützt, besonders vor verbaler oder physischer Gewalt. In diesem Rahmen geht es um Klärung und Begegnung. Paare können sich dann auch mit den dysfunktionalen Kommunikations- und Handlungsmustern und den schmerzhaften Punkten aus ihrer Biografie auf eine neue Art befassen. Alte Verletzungen aus der Paargeschichte oder Herkunftsgeschichte tragen oft dazu bei, dass es zu Streit und Distanzierung kommt. Wenn eine Verletzung aus der Partnerschaft nicht verziehen werden kann, dann liegt es oft daran, dass sie verwoben ist mit der Verletzung aus der Herkunftsfamilie.

CB: Wenn Paare Eltern werden, ist das eine belastende Zeit. Was ist in dieser Situation hilfreich?

Wenn ein Paar zu mir kommt, frage ich danach, wann die Schwierigkeiten in der Partnerschaft begonnen haben. Dann antworten sie meistens: „Als die Kinder kamen“. Ein Paar, das heute eine Familie gründet, hat keine Kontrolle über den gesellschaftlichen und politischen Kontext zum Familienleben in Deutschland. Das ebenbürtige Familienmodell wird nur gering unterstützt, das fängt mit dem Gender-Pay-Gap an, mit fehlenden und qualifizierten Kita-Plätzen, mit dem Arbeitsmarkt und den schlecht bezahlten Berufen von Frauen in Teilzeit. Das traditionelle Geschlechtsrollenparadigma sitzt immer noch tief in der Seele der Menschen. Deswegen erleben Paare den Wechsel von zwei auf drei als einen großen krisenhaften Einschnitt in ihrer Paarbeziehung. Partner glaubten, es läge an ihnen, wenn sie den Wechsel von der Zweisamkeit in das Familienleben nicht als beglückend erleben und darüber verzweifeln. Man könnte es so ausdrücken: Der strukturelle Konflikt rutscht in den interpersonalen Raum. Und das wird dann zwischenmenschlich wie ein Kampf ausgetragen.

Und dann kommt noch ein zweiter – neurohormoneller Punkt – dazu: eine schwangere Frau wird mit den entsprechend passenden Hormonen überflutet, die sie auf die Rolle der Fürsorge auch hirnphysiologisch vorbereiten. Dadurch hat sie einen neunmonatigen Vorsprung, um sich auf das Baby einzustellen. Und natürlich kann sich auch der Säugling besser auf die Mutter einstellen. Damit wird bereits zu Beginn eine Asymmetrie in der Elternschaft erzeugt.

Wenn Väter mit den Säuglingen allein sind, in Abwesenheit der Mutter, verändert sich auch die neurohormonelle Situation des Mannes. Zum Beispiel nimmt der Leistungsgedanke beim Mann ab, gleichzeitig nimmt die Wahrnehmung für die Belange des Babys zu: die Signale vom Säugling werden nun besser gescannt, Trösten und Versorgen fällt leichter.

Paare können aufgrund ihrer derzeitigen Lage als junge Eltern nur individuelle und kreative Lösungen finden, um annährend ihren Wunsch nach „Beides für Beide“ leben zu können. Die anfängliche Schieflage in der Versorgungsrolle des Kindes verdichtet sich zu Laste der Frau und führt zu einer weiteren Distanzierung des jungen Elternpaares. Externe Unterstützungssysteme fehlen, da Großeltern weit entfernt wohnen oder nicht mehr zur regelmäßigen Unterstützung in der Kinderbetreuung bereit sind. Die Überforderung führt unabsichtlich zu Verletzungen. Viele Verletzungen finden für Paare genau in dieser ersten Zeit als Eltern statt. In den letzten Jahren habe ich beobachtet, dass die Trennungen in dieser frühen Familienphase zunehmen.

Wenn Paare ihre Liebe über diese Phase hinweg retten können, dann haben sie ihr „Top-Item“ erreicht.

CB: Gibt es von Ihnen einen Tipp, wie Paare durch alle Lebensphasen hindurch gut für sich sorgen können?

FvT: Früher hatten Paare eine äußere Klammer. Sie wurden durch das kirchlich-moralisch geforderte Treueversprechen oder den wirtschaftlichen Abhängigkeitsfaktor zusammengehalten. Heute ist diese Klammer wegefallen. Paare sind darauf angewiesen, sich in der Beziehung wohl, aufgehoben, verstanden und gehalten zu fühlen. Sie müssen sich mehr Zeit nehmen, um immer wieder neu eine positive Gegenseitigkeit herzustellen. Dies kann geschehen, indem Sie zum Beispiel ein Stopp-Signal vereinbaren, wenn sich jemand mit dem Gespräch nicht wohlfühlt oder regelmäßig Zwiegespräche führen: Der eine spricht und der andere hört mit Wohlwollen und Interesse zu, dann kommt nach einer vereinbarten Zeit der Wechsel.

Dabei ist es wichtig, dass Paare nicht nur über die Organisation des Lebensalltags sprechen, denn dann verlieren sie emotional den Faden. Sondern sie müssen ihr Leben entschleunigen, um die Qualität einer emotionalen Bindung zu spüren. Den anderen anschauen, den Blick halten, vom eigenen Erleben berichten, um nicht nur zu funktionieren oder der organisationale Sparringpartner zu sein. Als Paar ist es wichtig, sich immer wieder neu wahrzunehmen und diese Ebene zu pflegen. Dabei können auch kleine Rituale helfen.

CB: Was muss jeder einzeln dafür leisten oder aufgeben?

FvT: Jeder sollte eine gute Beziehung zu den eigenen inneren Anteilen haben, die sich immer wieder im Kontakt mit dem anderen zeigen. Wichtig ist, diese Anteile zu kennen, ihnen wohlwollend gegenüberzustehen, sie zu regulieren und gegebenenfalls auch den Partner zu instruieren: was kann er machen, wenn sich bestimmte Anteile zeigen und die Interaktion belasten. Das sind Teile unseres unbewussten Lebensplans (Skript), die – gerade bei Stress – immer wieder auftauchen. Ein einfacher, miteinander vereinbarter „Ausstieg“ ist nützlich. Das kann ein Codewort sein, eine Berührung, ein Blick, ein Lächeln. Wenn man in der Partnerschaft für beide einen Umgang damit gefunden hat, was dem Partner immer wieder Mühe macht, ist das wie ein Goldjuwel im Herzen. Dann kann man davon ausgehen, dass die Partnerschaft bis ins hohe Alter stabil ist und sich auf dem Weg dahin immer weiter vertieft.

CB: Das macht Hoffnung! Vielen Dank für das Gespräch.

* * *

Entscheidungen treffen

Das ganz Leben besteht aus unterschiedlichen Wegen und Pfaden. Mittlerweile wissen auch viele Entscheider:innen in Organisationen, dass auch Menschen, deren Karriereverläufe nicht geradlinig verlaufen sind, oft eine große Lebenserfahrung mit in die Arbeitsabläufe bringen. Durch diese flexiblen Karriereverläufe müssen Menschen auch mehr Verantwortung für sich übernehmen. Auf der einen Seite haben sie dadurch mehr Freiheiten. Auf der anderen Seite verunsichert die Verantwortung für das eigene Leben auch. Manchmal mündet es in eine Überforderung.

Der Wunsch nach einer „richtigen“ Entscheidung für diese Lebensfragen ist groß. Denn wenn ein Entschluss für etwas getroffen wird, wird auch immer eine Entscheidung gegen etwas getroffen. Und ein Restrisiko die falsche Alternative gewählt zu haben, bleibt auch. Oftmals stellt man im Laufe des Lebens aber auch fest: das war genau richtig so! In diesem Fall gibt es keine richtigen Entscheidungen, sondern nur Entscheidungsprozesse, die klug gefunden und gewählt wollen werden. Die Lebensentscheidung, wie ein Haus bauen, einen Karriereweg einschlagen, eine Partnerschaft zu leben oder sich zu trennen, werden oft nicht ausschließlich rational getroffen, sondern auch intuitiv. Wir haben zwei Bewertungssysteme: den Verstand und die Intuition, die viele Menschen als „Bauchgefühl“ beschreiben. Das Bauchgefühl ist ein emotionales Erfahrungsgedächtnis, in dem frühkindlich unbewusste Informationen verarbeitet und gespeichert werden. „Diese werden dann mit einem Marker versehen, der uns sagt: Das war eine gute Erfahrung, das war eine schlechte Erfahrung“, so Maja Storch in ihrem Buch „Das Geheimnis kluger Entscheidungen“ (Storch 2011, S. 115).

Die Intuition hat im letzten Jahrhundert im Rahmen von verschiedenen Therapien eine große Bedeutung bekommen. Intuition zeigt sich auch in Bildern, denn ohne Vorstellung ist kaum jemand in der Lage, seine Zukunft zu planen. Diese Imagination, die Fantasie, die Vorstellungskraft ist die Schnittstelle zwischen dem was „außen" stattfindet und dem, was „innen" erlebt wird. Zur Entscheidungsfindung ist die Imagination des Unbewussten eine interessante Ergänzung zum kontrollierten Vorgehen des Verstandes. „Eine gute Entscheidung ist eine Entscheidung, bei der Verstand und Unbewusstes koordiniert sind" (Storch 2011, S. 28). Zugang zum Unbewussten findet man unter anderem über Bilder oder Träume. Es ist eine Welt von anderen Möglichkeiten. Mittlerweile ist dieses Thema neurowissenschaftlich gut erforscht. Die Wissenschaftler Malia Mason und Michael Norton (2007) haben in ihrer Forschung den Tagtraummodus untersucht. Er war Gegenstand der Studie „Wandering Mind". Sie beschreiben, was geschieht, wenn ein Gehirn keine Aufgaben zu erledigen hat: Wenn kein Stimulus von außen auf das Gehirn einwirkt, sind die Gehirnzellen aktiv, die auch für die Zukunftsplanung zuständig sind. Das heißt, dass die Vorstellungen immerfort da sind, immer aktiv sind und als Ressource für die Entscheidungsfindung genutzt werden können. Der Neurobiologe António Damásio (2000) hat sich ebenfalls mit Emotionen und Vorstellungskraft beschäftigt. Er verfolgt den Ansatz, dass Vorstellungen nicht nur visuell genutzt werden, sondern dass das Spektrum unserer Wahrnehmung noch um das auditive, olfaktorische, gustative und weitere Sinne erweitert wird. Damásio bezeichnet Vorstellungen als „Währungen unseres Geistes" (Damásio 2000, S. 383) und meint damit, dass wir damit nicht den Kontakt mit der Außenwelt verlieren, wenn wir sie positiv konnotieren und richtig einsetzten.

Mit dem Wunsch nach der „fehlerlosen" Entscheidung wird eine Zukunft erträumt und in der Imagination durchgespielt, die zutiefst mit dem eigenen Wesen verbunden ist. Das ist wichtig, da so manche Lösungen nicht einfach auf der Hand liegt, weil sie „unterbewusst" abgelehnt werden (vgl. „Lebensskript", Kapitel 2.2) und nicht erlaubt sind. Oftmals stehen diese eigenen Auffassungen im Weg. Diese Glaubenssätze oder auch unbewusste Lebensentscheidungen hindern daran, in eine Richtung zu gehen, die die größte Befriedigung bereitstellt. Sie können das intuitive Spüren einschränken.

Glaubenssätze entwickelt ein Kind und macht sie zu seinen Lebensentscheidungen, ohne dass die Bindungsperson dies zwangsläufig bemerkt: „Ich bin anderen nicht so wichtig", „Ich darf nicht für mich einstehen", „Ich bin anderen im Weg, besser man merkt mich überhaupt nicht", „Wenn ich das tue, was ich will, ärgert sich Mama".

Aber ein Kind kann auch freundliche Situationen als Glaubenssatz entwickeln: „Ich bin liebenswert", „Die Welt ist freundlich zu mir". Eine Erlaubnisarbeit ist ein langsamer Prozess des Umlernens und Neulernens. Der erste Schritt in Richtung erfülltes Leben ist das Erkennen und Verstehen der Glaubenssätze. Erst dann kann in einem zweiten Schritt von den ursprünglich intuitiven getroffenen Entscheidungen losgelassen werden. Wenn das passiert, verändern sich Glaubenssätze und damit auch die entsprechenden Strukturen im Gehirn.

Entscheidungen zu treffen ist nicht einfach. Richtige Entscheidungen zu großen Lebensfragen zu treffen, ist unmöglich. Es geht um Findungs- und Entscheidungsprozesse. Was richtig oder falsch ist, kann zu dem Zeitpunkt der Entscheidung noch nicht bewertet werden. Entscheidungen, die auf Gefühlsreaktionen basieren, sollten verantwortlich geprüft werden. Dabei kann man andere Menschen, die diese Entscheidung betreffen, mit einbeziehen. So zeigt sich Bewusstheit und Verantwortung für einen autonomen und verantwortlichen Lebensweg.

Vom Nutzen der Vorbilder[3]

Menschen nutzen gerne Idole, um sich an ihnen zu orientieren, und ihre Wertvorstellungen zu überprüfen und sich etwas Neues zu trauen. Bei Kindern stellt das einen entscheidenden Schritt in ihrer Entwicklung dar: Sie beobachten das Verhalten ihrer Eltern und ahmen es nach.

Vorbilder zeigen, was im wahren Leben schon längst Wirklichkeit ist und im eigenen Kopf noch als unmöglich bewertet wird:

- Die Chefin, weil sie sich in einer Männerwelt geschickt und humorvoll durchsetzt
- Der Kollege, der seinen Job geschmissen hat und auswandert
- Die Freundin, die schon Kinder hat und auch einen sinnvollen Beruf nachgeht
- Die Nachbarin, die macht, was Sie will
- Gandhi, Mutter Theresa, Martin Luther King, Nelson Mandela, die ihre Wertvorstellungen und Träume selbstverständlich gelebt haben

3 Behrens (2016b), siehe auch: www.c-behrens.de/vorbilder (Abfrage 29.06.2022).

Forscher bestätigen die Notwendigkeit von Vorbildern – gerade bei Erwachsenen. An ihnen lassen sich Entwicklungsziele festmachen, die auf neue Horizonte hinweisen. Neurowissenschaftler fanden heraus, dass durch das bloße Denken an eine inspirierende Person das Belohnungssystem im Hirn (Meltzoff et al. 2009, S. 288) aktiviert wird.[4] Sie helfen die eigenen Wünsche und Sehnsüchte zu visualisieren und zu imaginieren.

Diesen Vorgang nennt man auch Modelllernen. Jemand, der auf dem Weg in eine Identitätsänderung ist, kann sich mit Gedanken, Gefühlen und Handlungen von anderen identifizieren. „Diese rufen eine Resonanz hervor, die zu einer Identifikation mit diesem Modell für das eigene Leben führt. Anteil an diesem Prozess der Identifikation hat auch das Unterbewusste, mit dem Gedanken, Gefühle und Handlungen, Lebensentwürfe auf die Vorbilder projizieren" (Behrens 2016). Diese beiden Aspekte erlauben, eine neue Identität zu finden, die nicht nur eine übernommene Identität ist, sondern den eigenen Wünschen und Sehnsüchten entspricht.

Philosophen sprechen bei Vorbildern auch von Geländern der Sinnsuche. Sie geben Halt und erlauben, einen anderen, neuen Weg einzuschlagen – die Welt neu zu erkunden. Sie unterstützten die Suche nach dem Selbst. Die Wahl der Vorbilder verrät viel über die aktive Lebensplanung, die Wünsche an die Zukunft. Das Bedürfnis nach seelischer Entfaltung und Weiterkommen verbindet sich mit dem Idol. Sie dienen als Inspiration und Orientierung.

In der Lebensphase „junges Erwachsenenalter" können Vorbilder Inspiration und Orientierung bieten für die Karriere- und Familienplanung, für Wünsche und Sehnsüchte. Sie erlauben, die Welt auf eigene Art und Weise zu erkunden und sich erst einmal gefahrlos in ihnen zu spiegeln, auszuprobieren und zu verwerfen. Bis der für sie passende Weg gefunden ist.

Druckausgleich

In dieser Entwicklungszeit stellen junge Erwachsene eine wichtige Weiche für das spätere Wohlergehen: Nach dem Ende dieser Lebensphase besteht die Chance, Fehlentwicklungen zu korrigieren. Doch es besteht eben auch ein enormer Druck. Wer die Verantwortung für sich ablehnt oder Entscheidungen nicht treffen will, kann zeitverzögert auch krank werden. Wer sich von diesen Kräften antreiben lässt, ohne zu steuern, kann rasch überfordert sein und von

---

4 Das hat ein Forschungsteam des Max-Planck-Instituts für Bildungsforschung in Berlin um den Psychologen Guido Biele 2011 mithilfe eines funktionellen Magnetresonanztomographen (fMRT) herausgefunden.

dem geplagt werden, was heute Burn-out heißt. Der umgangssprachliche Ausdruck „Antreiber“ für Anreize oder Motive zur Leistungssteigerung hat sich mittlerweile im deutschsprachigen Raum durchgesetzt.

Das transaktionsanalytische Konzept der Antreiber (Abbildung 7) drückt aus, was Menschen antreibt, immer mehr zu tun und zu wollen, ohne dass sie darüber Kontrolle hätten. Diese fünf Antreiber (Kahler 1978) sind interne, in der Kindheit erlernte Anweisungen, die Menschen sich – unbewusst – selbst geben, wenn sie unter Stress kommen. Sie versprechen Erfolg und auch Selbstbestätigung (Behrens 2015, S. 59). Allerdings erfüllen sie dieses Versprechen nicht. Sie kennen kein Maß, keine Grenze, keinen Standard. In der Kindheit waren sie bis zu einem gewissen Ausmaß nützlich, denn sie unterstützten das Kind, die notwendige Anpassung an seine Umgebung zu vollziehen.

1. Sei perfekt!

Das ist der Antreiber für alle, die nie gut genug sind. Alles kann man besser machen, nichts macht zufrieden. *Sei-perfekt*-Menschen können schlecht loslassen, weil es sein könnte, dass sie damit einen Fehler machen.

2. Streng dich an!

Das ist der Antreiber für alle, denen es nie zu schwer sein kann – man könnte auch sagen, „die totale Herausforderung“. Sei klüger, intelligenter, mach was! Nichts darf leichtfallen, denn dann ist es nichts wert.

3. Beeil dich!

Die Handlungsorientierten unter uns könnten sich hier wiederfinden. Schnell machen, schneller sein, auch wenn zur Eile kein Grund besteht. Alles sofort, nichts kann warten. Dieser Antreiber gehört z. B. zu mir: So mache ich oft 100 Dinge gleichzeitig.

4. Sei stark!

Das ist möglicherweise ein Treiber, der bei sehr sachorientierten Menschen besonders ausgeprägt ist. Sie wollen keine Gefühle zeigen und lassen es nicht zu, sich gehen zu lassen. Selbst in kritischen Situationen funktionieren sie scheinbar emotionslos.

5. Mach's den anderen recht

Das eigene Bedürfnis wird nicht so wichtig genommen, alles andere ist wichtiger. Menschen mit diesem Antreiber-Verhalten bemühen sich sehr um andere.

Abbildung 7: Das transaktionsanalytische Konzept der Antreiber

Jeder dieser Antreiber ist gefühlt mit einem „immer" verbunden. „Immer wenn ich es allen recht mache, bin ich liebenswert". Ein Antreiber-Verhalten stellt hiernach ein Problem dar, wenn es „ungehemmt" und unreflektiert das eigene Leben übernimmt. Daher kann es eine Menge Stress verursachen und sehr unglücklich machen.

Das Getriebensein und das vorhersehbare Scheitern an dem Anspruch üben eine Macht aus, die die Entwicklung zu den richtigen Entscheidungen trüben. Wenn sich Menschen diesem Antreiber-Verhalten nicht bewusst sind, werden Sie auf die Frage, warum Sie sich derart verantwortungsvoll fühlen, sich so sehr beeilen oder anstrengen, sich eher um andere sorgen als um das eigene Wohlergehen oder einen ungesunden Perfektionismus an den Tag legen, häufig erwidern: „Ich kann nicht anders" oder „Ich bin halt so". Die Regie über Entscheidungen, werden dann diesen Antreibern überlassen.

Je mehr Selbstakzeptanz und Verbindung zu den eigenen Wünschen bewusst werden, desto unabhängiger wird der Mensch von seinen Antreibern. „Wenn das Kind oder vielmehr später der Erwachsene also frei entscheiden kann, wann und ob er dem Antreiber folgen wird und ob dies der Situation wirklich angemessen ist, dann kann er auch die Kompetenzen, die mit jedem Antreiber-Verhalten verknüpft sind, gesund nutzen" (Schmale-Riedel 2016, S. 52).

Sei perfekt: Statt alles mit 180 Prozent zu erledigen und bis ins letzte Detail zu kontrollieren, reichen auch 100 Prozent. Angemessene Qualitätsstandards zu folgen und sich gegenseitig zu vertrauen, helfen dabei, geeignete Entscheidungen zu treffen.

Streng dich an: Statt alle Bälle in der Luft zu jonglieren, kann man auch das Team oder Freunde für die Problemlösung und Priorisierung hinzuziehen.

Beeil Dich: Klare Ziele und Leistungsziele zu vereinbaren, Pausen zu schaffen und sich hin und wieder Ruhe zu gönnen, machen den Blick für Entscheidungen wieder freier.

Sei stark: Gefühle bedeuten keine Schwäche. Das ist ein neues Lernfeld für Menschen mit diesem Antreiber. Für eine angemessene Entscheidung braucht es auch Vertrauen in die Kompetenz und die Lebenserfahrung anderer.

Mach's recht: Herausfinden, was man wirklich möchte, und sich Wünsche erfüllen. Wenn das Bedürfnis besteht, anderen zu helfen, dann sollten Sie erst erfragen, ob diese Hilfe erwünscht ist.

Ein Burn-out Syndrom zeigt an, dass Menschen ganz wesentlich an ihren Bedürfnissen vorbeileben. Wenn wir die eigenen Ressourcen gut im Blick behalten und das eigene Innere wieder entdecken ist das eine gute Vorbeugung in überfordernden Situationen. Dabei können Träume helfen, denn sie zeigen die richtige Spur über das „Bühnenbild" und die unterschiedlichen Akteure auf der Traumbühne an. Träume und Sehnsüchte helfen dabei, sich selbst zu erkunden und wieder in ein Gleichgewicht zu kommen. Unsere Psyche kann viel ausgleichen. Da ist sie unserem Körper sehr ähnlich. Wenn wir einen Sturz hatten und humpeln, verlagern wir automatisch das Gewicht. Wenn die Störungen im psychischen Gleichgewicht nicht zu groß und tiefgreifend sind, können wir eine Achtsamkeit für die Störung in unserer Balance entwickeln. Das kann man sehr gut an dem Bild „Urlaub" verdeutlichen: wenn jemand nur arbeitet und sich Erholungsphasen nicht zugesteht, bricht er irgendwann zusammen. Vielleicht hat er eine zünftige Erkältung. Der Körper und die Psyche brauchen eine Auszeit. Nun hat der Kranke endlich das Recht dazu, sich diese Auszeit aufgrund seiner Krankheit zu nehmen.

Fazit: Die Rushhour des Lebens ist eine aufregende Phase, in der man mit der Zeit lernen darf, dass auch eine Entschleunigung Nutzen bringt. Gezielte Pausen können sinnvoll sein, um intensiv neue Fähigkeiten zu erlernen. Ein Sabbatical bietet sich an, um wichtige Grundfragen zu beantworten: Bin ich mit den richtigen Menschen zusammen? Habe ich den richtigen Beruf ergriffen? Bin ich die geworden, die ich sein wollte und sein will? Das kann dazu führen, die eigene Lebensweise zu festigen. Oder auf den Weg des Neuen zu gehen.

Sehnsüchte zu entdecken, bezogene Autonomie zu leben und Verantwortung für das Hier und Jetzt und die Gestaltung des eigenen Lebens zu übernehmen, kann der Gewinn aus dieser Lebensphase sein. Die frühkindlichen Prägungen zu reflektieren und zu verändern heißt Macht zu haben über das eigene Leben, die eigenen Gefühle, das eigene Verhalten und weist somit den stimmigen Weg in die nächste Lebensphase.

3. Die Lebensmitte: Das mittlere Erwachsenenalter (39–64 Jahre)

„Alles Alte, soweit es den Anspruch darauf verdient hat, sollen wir leben; aber für das Neue sollen wir eigentlich leben".
Theodor Fontane

3.1 Kurzinfo: Daten und Fakten

Die längste Periode des Lebensverlaufs ist die Phase des mittleren Erwachsenenalters, also der Lebensabschnitt zwischen dem 39. und 64. Lebensjahr.

Im Jahr 2020 befanden sich 28 Prozent der Bevölkerung in Deutschland im mittleren Erwachsenenalter (Statistisches Bundesamt 2022). Im Vergleich zu anderen Lebensphasen ist sie bisher wenig wissenschaftlich untersucht. Sie ist geprägt durch Statuswechsel im Verlauf der Familienentwicklung. Darüber hinaus erfordert der Beruf viel Aufmerksamkeit und Gestaltung. Oft mündet die Phase in der Pflege der Eltern.

Auch wenn die Altersangaben zur Bestimmung der mittleren Lebensjahre variieren, kann man dieser Lebensphase wohl den „Höhepunkt" des Lebens zuordnen.

Ursula Staudinger und Paul Baltes (Staudinger/Baltes 1995, S. 801–847) zufolge wird das mittlere Lebensalter primär über die anstehenden Entwicklungsaufgaben definiert und weniger über das chronologische Alter. Neugarten (1972, S. 9–15) postuliert einen neue Lebensperiode: Die bisherige Sicht auf das eigene Leben wurde als Zeit der Geburt wahrgenommen, in diesem Lebensalter wird nun das Leben als noch verbleibende Lebenszeit gespürt. Andere Forscher plädieren wiederum für die weite Lebensspanne zwischen 35 und 65 Jahren. Obwohl die Angaben in wissenschaftlichen Publikationen stark variieren (Freund/Ritter 2009, S. 582–591) gilt es als relativ unumstritten, dass man sich mit 45 Jahren im mittleren Erwachsenenalter befindet.

Diese Entwicklungsphase schließt sich an die sogenannte „Rushhour" des Lebens an. Die Lebensspanne zwischen 39 und 64 Jahren ist eine vielfach hoch verdichtete Lebensphase, in der wesentliche Entscheidungen getroffen werden, und mündet in den Lebensabschnitt, der als „Junges Alter" bezeichnet wird und im Wesentlichen durch den Übergang von der Erwerbstätigkeit in einen meist aktiven Ruhestand gekennzeichnet ist. Die Lebensmitte ist gekennzeichnet durch Statuswechsel im Verlauf der Familienentwicklung und der Erwerbskarriere. Die sich daraus ergebenden Vereinbarkeits- und Gestaltungserfordernisse prägen sie wesentlich: Menschen in dieser Lebensphase müssen intensive, kreative Abstimmungsleistungen erbringen. Diese führen zu wechselseitigen Abhängigkeiten mit den Lebensläufen der Familie, Freunden und Kollegen – also der Umwelt, mit denen man in sozialen Beziehungen verbunden ist.

Die Phase der „Lebensmitte" wurde im Vergleich zu weiteren Lebensphasen (Kindheit und Jugend, Alter) bislang wenig wissenschaftlich untersucht. In der Literatur liegt der Fokus oft auf den negativen Aspekten dieser interessanten Zeit. Denn in dieser dritten Lebensphase verändert sich spürbar der Körper und die Hormone führen gefühlt ein Eigenleben. Immer häufiger treten körperliche Einschränkungen auf. Korrespondierend dazu kommen die emotionalen Belastungen: Kinderlose Frauen und Männer hören die biologische Uhr ticken und müssen sich entscheiden, ob sie noch in die Familienplanung einsteigen. Andere, die Eltern sind, haben bereits pubertierende Kinder im Haus, die viel Nervenstärke erfordern. Die eigenen Eltern brauchen in vielen Fällen mehr Aufmerksamkeit bzw. Pflege.

Die Arbeit und das Leben bekommen einen anderen Stellenwert. Die Kompetenzen im Umgang mit Menschen, mit Aufgaben und dem Beruf sind erreicht. Die Werte sind deutlich und werden gelebt, die Weltanschauung ist mit Freunden durchdiskutiert. Das eigene „Dasein" kann zwar noch an vielen Punkten korrigiert werden, aber das Leben ist nicht mehr so aufregend, wie es in früheren Jahren erlebt wurde. „Was ist jetzt das Besondere, das noch kommt?", fragen sich Menschen in der Lebensmitte.

3.2 Sich wandeln und neu entdecken

Diese Zeit „um die 40" wirft viele Fragen und Wünsche auf: Jetzt wäre der Zeitpunkt, um noch einmal beruflich durchzustarten, umzusatteln, wieder Single zu werden oder eine neue Familie zu gründen, auszusteigen, zu studieren … alles ist noch möglich. Wenn nicht jetzt, wann dann? Destandardisierung des Lebenslaufs nennen Soziologen die Lebensmitte (vgl. Scherger 2007). Lange Zeit galt, dass schwierige Phasen in der Lebensmitte ein individuelles Ereignis waren. Kritische Phasen wurden unabhängig von dieser Lebensphase gedeutet. Mittlerweile sind sich die Soziologen einig: trotz vieler individueller Unterschiede ist das mittlere Lebensalter für alle Menschen eine „krisenanfällige Zeit, eine beunruhigende Phase“ (Schneider/Sulak/Panova 2019, S. 11): Häufig voller Selbstzweifel und Mutlosigkeit – ähnlich wie die Pubertät oder die Pensionierung, die ja ebenfalls in fast jedem Lebenslauf wichtige, oft krisenhafte Übergangsphasen sind. Der Mensch verliert seine Balance, obwohl kein äußerlicher Anlass vorliegt. Dabei kann der Verlust des Gleichgewichts etwas sehr Zweckmäßiges sein, wie der Psychoanalytiker Carl Gustav Jung schreibt, in dem auch das Unbewusste seinen gebührenden Platz erhält. Er hat treffend beschrieben, welche Arbeit Menschen in der Lebensmitte erwartet.

> „Gänzlich unvorbereitet treten wir die zweite Lebenshälfte an … schlimmer noch, wir tun es unter der falschen Voraussetzung unsere bisherigen Wahrheiten und Ideale. Wir können den Nachmittag des Lebens nicht nach demselben Programm leben wie den Morgen, denn was am Morgen viel ist, wird am Abend wenig sein, und was am Morgen wahr ist, wird am Abend unwahr sein“ (Jung 1976, S. 293).

Beim Lesen dieses Satzes geht es wohl vielen so, dass der erste Gedanke dazu lautet: Geht es von jetzt an ständig bergab? Dabei hat diese Lebensphase viel zu bieten, und zwar in jeder Hinsicht.

Wer die Potenziale dieser Zeit gut nutzt, kann viel für die Entfaltung der eigenen Persönlichkeit tun. Eltern in dieser Lebensphase haben die Chance zu zeigen, was sie an Leistungen zu bieten haben, sobald sie von den Sorgen um den Aufbau der Karriere und der Versorgung der Kinder ganz oder weitestgehend befreit sind. Frauen und Männer, die keine Kinder haben, überlegen sich neue kreative Wege, um eine hohe Lebenszufriedenheit zu erreichen. Viele Menschen sind für die bedeutsamen und einschneidenden Veränderungen in dieser Zeit sehr offen.

Dieser Prozess stellt sich allerdings nicht automatisch ein. Altern ist die eine Sache, erfolgreiches Altern die andere. Wer also den Bonus dieser zweiten Phase kassieren will, muss sich für den „richtigen“ Weg entscheiden. Das verlangt aufs Neue Zielsetzungen und Strategien sowie Energie und Disziplin. Zum einen ist es oftmals erforderlich, dass sich Menschen in dieser Lebensphase eine Art neue Identität zulegen – und zwar je früher, desto besser. Das bedeutet, dass viele der verhärteten und stereotypen Verhaltensweisen verabschiedet werden. Menschen in dieser Lebensphase überlegen sich nun, war für die eigene Zukunft am wichtigsten sein wird. Dieser Identitätswechsel findet häufig durch ein Aha-Erlebnis statt: Das kann eine neue Partnerschaft oder eine Trennung sein. Das kann die endgültige Verabschiedung vom Kinderwunsch sein, ein Arbeits- oder Wohnortwechsel. Dieser Wendepunkt zwingt den Menschen dazu, das bisherige Leben mit anderen Augen zu sehen. Sogar eine spätjugendliche Rebellion kann sich positiv auswirken – vorausgesetzt, man bleibt nicht darin stecken und fängt an, sich im Kreis zu drehen, um die Gefahren des Vorwärtsschreitens zu meiden.

Für diejenigen, die diese Lebensphase spüren und nutzen wollen, kann das zweite Erwachsenenalter eine sehr aktive und aufregende Zeit werden. Sie ist immerhin die längste Übergangsphase. Menschen in dieser Phase sind ständig in Bewegung. Immer mehr Frauen, deren familiäre Verpflichtungen sich reduziert haben, wagen den Schritt ins Unbekannte, versuchen ihre Unabhängigkeit zu erweitern, neue Kenntnisse zu erwerben, frische Vorhaben anzupacken, die schöpferische Kraft und Abenteuerlust ihrer Jugend wieder zu entdecken und sich endlich ihren eigenen Bedürfnissen zu widmen.

Simone, 45 Jahre alt: „Meine Kinder sind nun bald volljährig. Ich habe immer als Trainerin und Dozentin für andere Organisationen gearbeitet. Das war zwar immer ein Balanceakt zwischen Beruf und Familie. Gerade wenn ich auch in einer anderen Stadt übernachtet habe. Jetzt nehme ich endlich meine eigene Kapazität wahr und will meine Kenntnisse und Fähigkeiten in eine eigene Weiterbildungsfirma stecken. Ich kann das. Das weiß ich".

Für Männer birgt diese Lebensphase neue Erfahrungen: Viele, die emotional bankrott im mittleren Alter ankommen, lernen jetzt zum ersten Mal, nicht nur ihre rationalen, sondern auch ihre intuitiven Fähigkeiten zu nutzen.

Thomas, 52 Jahre alt: „Oft sind ältere Männer in jungen Jahren so furchtbar beschäftigt gewesen, mussten den finanziellen Verpflichtungen für ihre Familie nachkommen, im Beruf glänzen, gleichzeitig sparen und sich in vielerlei Hinsicht einschränken. Währenddessen ist die Zeit vorbeigerast. Sie verlieren ihren Job, oder ihre Frau stirbt, und plötzlich ist das, wofür sie sich abgemüht haben, fragwürdig geworden. Sie fangen wieder von vorn an und suchen eine Antwort auf die Frage, was der Sinn des Lebens ist".

In diesem „besten Alter" wächst bei fast allen Menschen die Ehrfurcht vor der Natur, vor Kunstwerken und der Musik. Durch die überlieferte Kraft stellen sich nun die Fragen nach dem größeren Zusammenhang in der Welt. Sie tauchen ein in neue Materien und lernen neu hinzuschauen. Der ungewollte Verlust der Jugend kann zu einem Katalysator einer gewollten Korrektur des eigenen Lebens werden: Diese Veränderungen können den Umgang mit anderen, die Wertmaßstäbe und die Richtlinien des eigenen Handelns und dem Verantwortungsgefühl für die nächste Generation, für unser Land und die Welt verändern. Daneben wechseln auch die Werte, die man hatte. Es geht in dieser Lebensphase zusätzlich zu allen Veränderungen darum, das gute „Alte“ zu bewahren und das Neue neugierig auf sich zukommen zu lassen.

Eine Neubesinnung auf Werte ist sinnvoll, um den Rest des Lebens eine sinnerfüllte, befriedigende Perspektive zu ermöglichen. Sie helfen bei der Orientierung und Entwicklung neuer beruflicher Ziele. Werte und ihre zugrundeliegenden Bedürfnisse steuern das Denken, Fühlen und Verhalten. Und sie sagen etwas über Neigungen, Talente und Fähigkeiten aus und unterstützen uns auch dabei, neue Entscheidungen zu treffen. Die Lebensmitte ist ein guter Zeitpunkt, diesen Themen einen Raum zu geben, zu variieren und zu erproben. Zwar ist diese Zeit eine selbstständige Lebensphase mit eigenständigen Entwicklungen, gleichzeitig werden hier die Weichen für das Alter gestellt.

Es gibt in allen Lebensphasen scheinbar einen Lebensrhythmus, der sich in vielen Aufzeichnung über Religionen und Kulturen wiederholt. Oftmals nicht bewusst, aber oft in der Lebensmitte sehr häufig entdeckt.

- Lassen und Loslassen
- Bleiben und Bewahren
- Neu anfangen

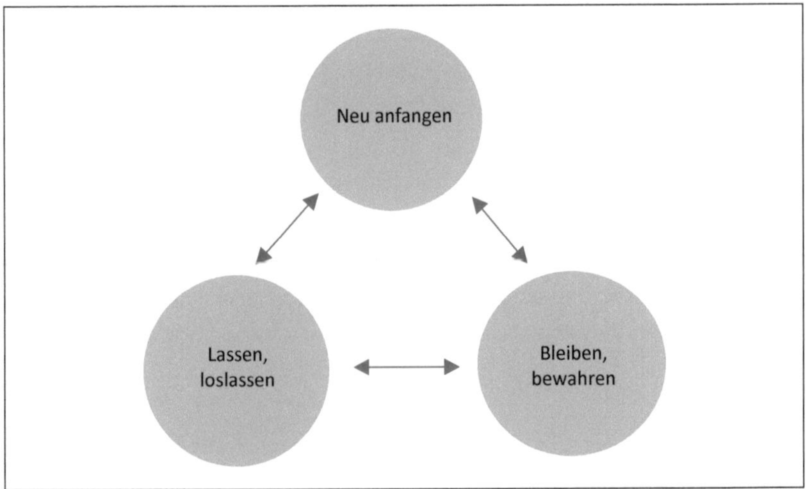

Abbildung 8: Lebensrhythmus

Menschen in der Lebensmitte befinden sich gleichzeitig in allen diesen Phasen: Im Beruf probieren sie etwas Neues aus oder fangen etwas Anderes an; sie bleiben in einer langjährigen Beziehung und verabschieden sich gleichzeitig von den starken Eltern. Diese Gleichzeitigkeit aller Phasen macht die Lebensmitte sehr intensiv und in Teilen so anstrengend.

Kinder sind mehrheitlich konzentriert auf den Neuanfang: eine neue Schule, neuer Lernstoff, neue Freundschaften. Sie lassen wenig los und es kommt oft etwas dazu.

Neuanfang ist das Prinzip bei Kindern. Die Generation der Alten ist mit dem Bleiben und Bewahren und mit dem Loslassen beschäftigt. In diesem Alter kommt es zu einem erneuten Ringen um die Identität, vergleichbar mit dem „Wer bin ich eigentlich?" des früheren Erwachsenenalters oder der Jugend. Ist man immer noch ungebunden, allein oder kinderlos, beginnt erneut, „aber mit noch größerer Dringlichkeit, der Kampf zwischen Intimität und Isolation" (Sheehy 1998, S. 82) diesmal mit weitreichenden Konsequenzen für den Rest des Lebens.

Werte und Sinn

So facettenreich diese Lebensphase auch sein mag, eine Frage tritt oft auf: die Frage nach dem Sinn. Welche Bedeutung hat meine Arbeit? Welcher Sinnhaftigkeit liegt noch in der Beziehung? Welchen Sinn hat überhaupt mein Leben? Das Ziel für das Streben, wie Menschen es in jüngeren Jahren erlebt haben, geht bei vielen in der Lebensmitte verloren. Das irritiert. Schmerzlich wird dem „jungen Alten" bewusst, dass nicht alle Pläne verwirklicht wurden. Und schon macht sich die Angst breit, das eigene Leben nicht richtig „gelebt" zu haben, ein „falsches" Leben aufgebaut zu haben, das nach Werten ausgerichtet war, die nicht mehr tragen.

Werte sind sozial vermittelt und nicht immer bewusst reflektiert. Sie werden mit anderen geteilt, und oft als die eigenen verstanden, die dann die eigene persönliche Richtschnur für das Leben bilden. Welche Werte das sind, wird oftmals erst bewusst, wenn sie infrage gestellt werden.

Beatrice, 48 Jahre alt, Beamtin: „Mir war immer Kreativität wichtig: Ich nähe, ich male und mache Musik. Das ist mein Lebenselixier. Ich will das auch beruflich haben. Ich habe bei meiner Arbeit und den ganzen Prozessen und Verfahren, die wir im Senat haben, wenig Spielraum für Kreativität und neuen Ideen. Das habe ich lange unterschätzt".

Werte können den Sinn, den Menschen in ihrer Arbeit sehen, beeinflussen. Das, was lange für Beatrice stimmte, passt jetzt nicht mehr so richtig. Sie wird sich bewusst, dass ihre Kreativität mehr Raum braucht. Sie will diesen Teil, den ihre Persönlichkeit ausmacht, in ihrem Beruf sehen und leben. Diese Wahrnehmung und das Bedürfnis danach wichtig zu nehmen, kann der erste Schritt auf einem neuen Weg sein.

Wer „Erfolg" immer geschätzt hat und dafür lange Arbeitszeiten in Kauf genommen hat, stellt jetzt fest, dass „Familienleben" einen neuen Wert darstellt. Für wen der Wert „Familie" im Vordergrund stand, ist jetzt für neue Karriereschritte motiviert oder will eine größere Reise unternehmen. Der Wert „Familie" wurde dann von dem Wert „Abenteuer" abgelöst. Allgemein lässt sich feststellen: Werte zu verwirklichen, die als verpflichtend für das eigene Leben verstanden werden, geben das Gefühl, ein wertvolles Leben zu führen und eine neue Lebensstufe gestalten zu können.

Ähnlich verhält es sich auch mit der Sinnhaftigkeit unseres Handelns: Den Sinn zu erkunden, bei allem was getan wird, wird eine der Hauptbeschäftigungen der Lebensmitte. Dahinter steckt der Wunsch, die unterschiedlichen Aspekte unseres Ichs zusammenzufügen, der Hunger nach Ganzheit und die Suche nach der Wahrheit.

Sinnfindung ist ein bewusster kognitiver Vorgang (vgl. Schulz-Robinson 2021, S. 354). Dieser Prozess impliziert das biografisch bedingte Zusammenwirken von situativen Umständen, Geleitet durch bewusste und unbewusste Emotionen, Motiven und Einstellungen. Sinn ist somit mehr als ein philosophisches oder religiöses Konzept, das nur im Zusammenhang mit der Frage nach dem „Sinn des Lebens" gebraucht wird. Vielmehr ist Sinn die Wahrnehmung des eigenen Handelns als sinnvolle Verwirklichung von Zielen und Absichten. Die Frage nach dem Sinn der eigenen Arbeit wirft auch die Frage nach dem Sinn des eigenen Lebens auf. Sinn ist überall dort zu finden, wo es Zusammenhänge zu erkennen gibt und diese auch fühlbar werden: „sie können Halt vermitteln und enorme Energien freisetzen", schreibt der Philosoph Wilhelm Schmidt (2012, S. 1). Im Umkehrschluss bedeutet das, dass Empfinden von Sinnlosigkeit kraftlos und krank macht. Ein Burn-out beginnt letztendlich dort, wo dieser Sinn nicht mehr wahrgenommen wird. Daher ist ein „Ausgebranntsein" immer auch ein „Indikator für die Frage nach dem Sinn" (ebd.). Den Sinn in der eigenen Tätigkeit und im eigenen Leben zu finden, wird vielen Menschen in dieser Lebensphase deutlich und wird getragen durch die Neubestimmung der Werte.

Diese Veränderung der Werte hat außerdem oft etwas mit einer weiteren wichtigen Aufgabe dieser Lebensphase zu tun: die Generativität. Ein Fachausdruck, der aufzeigt, dass Menschen nicht nur darauf aus sind, das eigene Wohlbefinden zu steigern und zu sichern, sondern daneben auch das von anderen in der Gesellschaft.

Sebastian, 55 Jahre alt: „Unser ganzes Leben lang erfinden wir Geschichten um unsere Person. Ein Teil des Alterns ist es, in eine größere Geschichte hineinzuwachsen".

Jeder Mensch möchte gebraucht werden. Helfen ist stark archaisch im Menschen verankert. Gerne darf das obendrein etwas sein, was über ihn hinausgeht, was ihn transzendiert. Es geht dabei nicht nur um die Frage „Was soll sich jetzt für mich erfüllen?", sondern auch um: „Was hat sich durch mich erfüllt?". Dies ist ein Hauptmotivator für Menschen, die den Beruf wechseln und etwas mit „mehr Sinn" tun möchten. Erst wenn die Antwort auf diese Frage beantwortet ist, wird der Mensch auch mit seiner neuen Berufswahl glücklich. Dabei müssen es keine großen Dinge sein. In der Corona-Pandemie durften wir erfahren, wie wichtig der Kassierer im Supermarkt, die Polizistin auf der Straße, die Kita-Erzieherin, Pflegekräfte, Ärztinnen und der Versorgungsassistent im medizinischen Bereich sind. Sie waren es, die das gesellschaftliche Leben aufrechterhalten haben. Trotz ihrer Erschöpfung konnte man bei vielen Menschen dieser Berufsgruppe Stolz entdecken, wenn sie als „systemrelevant" eingestuft wurden.

Zum Gelingen in einem größeren Kontext beizutragen, ist uns existenziell aufgegeben und scheinbar ein Urbedürfnis der menschlichen Seele.

Der oft zitierte Logopäde Viktor Frankl drückt es so aus:

„Wir begegnen da einem Phänomen am Menschen, das ich für fundamental anthropologisch halte: die Selbst-Transzendenz menschlicher Existenz! Was ich damit umschreiben will, ist die Tatsache, dass Menschsein allemal über sich selbst hinausweist auf etwas, das nicht wieder es selbst ist – auf etwas oder auf jemanden: auf einen Sinn, den zu erfüllen es gilt, oder auf ein anderes menschliches Sein, dem wir da liebend begegnen. Im Dienst an einer Sache oder in der Liebe zu einer Person erfüllt der Mensch sich selbst. Je mehr er aufgeht in seiner Aufgabe, je mehr er hingegen ist an seinen Partner, umso mehr ist er Mensch, umso mehr wird er selbst (Frankl 1977, S. 18)

Das wahre Erkennen der eigenen Identität ist die Folge des Sinnstrebens. Jemand, der diese Sinnerfüllung umgeht, ist eigentlich schon auf dem Holzweg. Wird dieser Prozess nicht gut bearbeitet, schneidet man sich ab von der schöpferischen und kreativen Aufgabe dieser Lebensphase und geht in den kritischen Teil: die Midlife-Crisis.

Die Midlife-Crisis

Jaques Elliot, kanadischer Psychoanalytiker, hat 1965 den Begriff der Midlife-Crisis geprägt (Elliot 1965, S. 502–514). Er hat unter anderem die Lebensläufe einiger öffentlichen Personen untersucht und Erstaunliches entdeckt: Die großen Künstler (z. B. Beethoven, Goethe und viele andere) gerieten mit ungefähr 35 Jahren in eine Schaffenskrise. Diese Krise sorgte allerdings für Wachstum in ihrer Arbeit und sie gingen aus dieser Krise gestärkt hervor. Ein neuer Begriff wurde geboren: Midlife-Crisis nannte er dieses Phänomen und kam zu der Schlussfolgerung, dass extrovertierte, starke Männer im mittleren Alter in eine Midlife-Crisis geraten.

Wie gesagt: Das war 1965. Wie sieht es heute aus?
Der Begriff Midlife-Crisis bezeichnet das Gefühl der Unzufriedenheit in der Mitte des Lebens: Es rührt daher, dass man sich in berufliche und familiäre Lebensumstände eingezwängt fühlt, ohne die Perspektive der Veränderungsmöglichkeit zu haben. Dabei werden Ziele, Prioritäten und das bisher Erreichte infrage gestellt. Die verrinnende Zeit bis zum eigenen Tod und die dadurch eingeschränkten Möglichkeiten werden einem schmerzlich bewusst.

In den 70er Jahren wurde dieses Phänomen weiter erforscht. Leider bestand die Datengrundlage nur aus qualitativen Interviews von ausschließlich amerikanischen Männern der weißen Mittelklasse und das auch noch aus der Retrospektive. In den 90er Jahren wurde eine groß angelegte Studie von 650 Männern ausgewertet: Emotionen wie innere Aufruhr, Verwirrung, Unzufriedenheit mit Beruf und Familie oder der Angst vor dem Altern und dem Tod wies im mittleren Erwachsenenalter keine Zunahme aus (McCrae/Costa 1990). Auch in weiteren Untersuchungen wurde keine Evidenz für das Vorhandensein einer Krise im mittleren Erwachsenenalter gefunden. Es fehlte also auch hier der Beweis dafür, dass es sich um eine spezifische Midlife-Crisis handelte. Insgesamt scheint es sich bei der Midlife-Crisis also eher um einen „spannenden Mythos“ zu handeln. Wissenschaftlich haltbar ist das Konzept nicht. Für eine weiterführende Diskussion sei hier auf die Ergebnisse von Freund und Ritter verwiesen (Freund/Ritter 2009, S. 582–591).

Die Wechseljahre

Die Menopause der Frau gilt oft als das Äquivalent zur (vermeintlichen) Midlife-Crisis des Mannes. Im Gegensatz dazu geht sie mit vielen biologischen Veränderungen, wie dem Abfall der Östrogenproduktion und dem Ende der

Menstruation einher, die von emotionalen und körperlichen Symptomen (Stimmungsschwankungen, Nervosität, Hitzewallungen, Schlafstörungen) begleitet wird. Viele Frauen fühlen sich in dieser Zeit oft nicht wohl, andere Frauen freuen sich, dass sie von der Möglichkeit einer Schwangerschaft befreit sind.

Diese Diskrepanz findet sich auch in der Auseinandersetzung mit dem Verlust der Menstruation. Manchen Frauen werten das Ausbleiben der Regelblutung als Verlust, als ein „Zeichen, dass sich der Körper nicht mehr gleichermaßen regeneriert" (Kast 2006, S. 95), andere empfinden es als Erlösung. Dieser Verlust und die Erleichterung wechseln einander ab. Bisweilen können sie auch gleichzeitig erlebt werden. Das führt allerdings dazu, dass sich Frauen in dieser Zeit der Menopause hin- und hergerissen fühlen. Neben den vielen körperlichen Symptomen, die ein Klimakterium mit sich bringen kann, ist diese emotionale Arbeit auch relevant. Sie versuchen die Gefühle zu steuern und zu überwinden. Das kostet viel Energie.

In einer Längsschnittstudie mit Frauen wurde festgestellt, dass die Menopause nicht zu einer insgesamt negativen Veränderung führt (Helson/Wink 1992, S. 46–55). Aber auch wenn das Klimakterium positive Seiten hat, ist der Verlust und der Abschied von einer Lebensphase nicht zu leugnen. Bei vielen Frauen ist der Entschluss, keine Kinder mehr zu bekommen, oft schon sehr viel früher gefasst worden. Jetzt kann der Körper aber keine mehr gebären. Das ist ein Unterschied (Kast 2006, S. 96) Die Identität als fortpflanzungsfähige Frau kann nicht mehr aufrechterhalten werden und die neue Identität als „alternde" Frau, ist für viele nicht attraktiv. Diese Wertung der „alternden Frau" hängt mit der Wertung der Gesellschaft zusammen. Auch im Jahre 2022 hat der Jugendkult weiter Priorität.

Wie das Klimakterium erlebt wird, hängt insofern auch davon ab, ob Frauen sich über ihre Jugend und ihr Aussehen definieren. Ein Frauenleben, das auf die biologische Rolle ausgerichtet ist und seinen einzigen Wert daraus bezieht, sexuell-erotisch begehrenswert zu sein, hat sich auf die erotische Attraktivität der jungen Jahre reduziert und der Wertung der Gesellschaft nachgeben. Das Klimakterium kann dann in eine große Selbstwertkrise führen.

In Studien wurde belegt, dass auch Frauen, die ganz in ihrer Mutterrolle aufgegangen sind, mehr Probleme haben, als Frauen, die verschiedene Rollen leben (vgl. Wenderlein 1977). Für viele Frauen ist es wichtig, sich in dieser Zeit mit anderen Betroffenen darüber auszutauschen. Denn die „Menopause ist immer noch mit viel Scham behaftet, weil man sie so lange mit dem Ende der Weiblichkeit in Verbindung gebracht hat", schreibt Miriam Stein in ihrem Buch zu diesem Thema (Stein 2022, S. 52).

Das Thema „Wechseljahre“ ist für viele Frauen immer noch peinlich. Viele Betroffene schweigen über ihre körperlichen Beschwerden. Familien und Partnern wird dieses Thema nicht zugemutet – eine weitere emotionale Belastung. Das Gefühl, „keine richtige Frau“ mehr zu sein, ist noch tief in den Köpfen verankert. Eine Menopause, die gut acht Jahre dauern kann und eine wichtige Phase im Leben von Frauen darstellt, wird damit wegbagatellisiert.

Petra, 48 Jahre alt: „Ich schlafe schlecht, weil ich schwitze. Am nächsten Tag bin ich dann nicht leistungsfähig. Mir tut alles weh. Ich spüre richtig, wie sich mein Körper verändert. Manchmal denke ich, ich bin gar nicht mehr ich. Naja, es wird schon irgendwie gehen. Andere haben es ja auch geschafft. Peter (ihr Mann) kann ja nichts dafür“.

Jede Frau erlebt die Menopause. Leider wird sie in vielen Fällen immer individuell und vereinzelt durchgestanden.

Frauen, die für diese Etappe des Lebens attraktive Vorbilder hatten – Mütter oder Großmütter –, können offener über diese Veränderung sprechen und sind eher bereit, in eine neue Lebensphase einzutreten. Die Schwierigkeiten in dieser Phase können dann aus verschiedenen Perspektiven beleuchtet werden: Ist es eine Situation, in der das Alte vorbei und etwas Neues noch nicht wirklich tragfähig und sichtbar ist? Oder ist es ein Lebensabschnitt, der auf ein zukünftiges, tristes Dasein hinweist? Dieser Übergang in eine neue Lebenssituation dauert recht lange, analog zu den körperlichen Veränderungen. Er ist belastend und wird häufig nicht artikuliert. Das Teilen von Ängsten und Belastungen ist eine Verdopplung von Erfahrungen und psychischer Potenz. Sich mit anderen Frauen darüber auszutauschen und von anderen Frauen zu lernen, ist eine gute Möglichkeit, diese anstrengende Zeit schöpferisch zu gestalten und ein neues Bild von Weiblichkeit für sich zu kreieren.

Sheehy (Sheehy 1998, S. 228) hat aus vielen Gesprächen mit Gynäkologinnen ein erstes Raster von emotionalen Symptomen in der Zeit des Klimakteriums beschrieben:

- Fall 1: Die Frau fühlt sich unwohl, als stecke jemand anders in ihrer Haut. Medikamente sind überflüssig. Die Frauen brauche über diese Phase in ihrem Leben Information, Austausch und Beistand.
- Fall 2: Die Symptome sind stärker. Primär sind die emotionalen Symptome auf den aus dem Gleichgewicht geratenen Hormonhaushalt zurückzuführen: Die Frauen brauchen medizinische Beratung und eventuell Hormonpräparate.

- Fall 3: Die Symptome sind so stark, das Hormonpräparate oder ein Gespräch nicht helfen. In dieser Phase brechen ungelöste seelische Konflikte oder Traumata auf: Die Frauen brauchen professionelle Unterstützung von Therapeutinnen, idealerweise von Frauen, die selbst das Klimakterium bereits bewältigt haben und als Rollenvorbild oder Wegweiserin dienen können.

Auch wenn diese Rasterdefinition sehr plakativ ist, ist die Diagnose oft weniger simpel, da viele biochemische Faktoren im Spiel sind. Sie geben aber einen ersten Anhaltspunkt und beschreiben die Komplexität des Klimakteriums.

Die Anthropologin Margaret Maed spricht von den Wechseljahren als ein ‚menopausaler Schwung'. Sie beschreibt dies aus ihrer Kenntnis der vielfältigen Kulturen heraus, denn dieser menopausale Schwung ist nach der Menopause dort überall anzutreffen. Ihre Schlussfolgerung lautet, dass es sich nicht um die Folge einer bestimmten Form von Sozialisation handelt, sondern um einen Bestandteil des evolutionären Phänomens Frau.

„In spezifischer Weise werden Frauen mit der Tatsache konfrontiert, dass Leben Veränderung bedeutet. Am eigenen Leib erfahren sie offenkundige und unabweisbare Veränderungen. Ihr Lebenszyklus umfasst verschiedene Phasen. Auf einer allgemeinen Ebene betrachtet – und dies ist eine Gemeinsamkeit von Frauen – werden diese Phasen durch den Beginn und das Ende des Menstruationszyklus markiert" (Bleyer-Rex 1990, S. 138.).

Alle Frauen – unabhängig von ihrem jeweiligen Lebensentwurf, losgelöst von der Art und Weise, wie sie ihre frühere Lebensphase entfaltet und gestaltet haben – machen diese besondere Lebenserfahrung. Es ist eine Illusion, sich diesen Übergang ersparen zu können. Vielmehr sollten Frauen in den Wechseljahren ermutigt werden, sich auf die Dynamik dieser Lebensphase einzulassen. Dann können die Wechseljahre aus der folgenden Haltung erlebt werden (Bleyer-Rex 2000):

- Als Phase im Lebenszyklus aller Frauen und gleichzeitig als individuellen Prozess, für den es keine allgemein verbindlichen Regeln und Muster gibt.
- Als Phase, in der Beschwerden kein Versagen und Beschwerdefreiheit keinen Verdienst bedeuten.
- Als Phase, in der Vertrautes endet und Neues, Nicht-Vertrautes beginnt mit der Herausforderung sich neu zu erfahren, zu orientieren und zu organisieren.

Das sind schöne Gedanken, der für Frauen auf der ganzen Welt und durch alle Kulturen eine Verbundenheit signalisiert.

Empty-Nest

Die hormonellen Veränderungen in dieser Lebensphase der Frau fallen oft mit der Ablösung der Kinder zusammen. Der Auszug stellt einen typischen Übergang im mittleren Erwachsenenalter dar. Aus entwicklungspsychologischer Sicht markiert dieser Wendepunkt den Beginn der sogenannten Empty-Nest-Phase, die die nachelterliche Lebensspanne der Eltern erwachsener Kinder beschreibt. Der Auszug des letzten Kindes vollzieht sich häufig nicht abrupt, sondern erfolgt fließend, zum Beispiel indem das Kind noch eine Weile die Wäsche nach Hause bringt und über das Wochenende kommt. Wenn man mehrere Kinder hat, kann der Auszug des Nachwuchses einen längeren Prozess darstellen, bis schließlich die Empty-Nest-Phase eintritt. „Frauen sind zu diesem Zeitpunkt im Durchschnitt knapp unter 55 Jahren und damit jünger als Männer. Bei Vätern geht das Alter beim Auszug des letzten Kindes Richtung 60 Jahren" (Bujard/Panova 2014, S. 185).

Die Annahme, dass berufstätige Frauen mit dem Auszug der Kinder leichter umgehen können als Frauen, die sich „nur" auf die Mutterrolle bezogen haben, ist empirisch nicht zu halten. Diese sehr kinderzentrierte Sicht mag früher einmal zutreffend gewesen sein. Die Ablösung von den Kindern ist zwar ein schmerzhafter Prozess, da er die Wandlung einer sehr besonderen Liebesbeziehung akzentuiert, doch konnten Studien nicht nachweisen (Bujard/Panova 2014; Piper 2021), dass diese Lebensphase besonders schwierig ist. Im Gegenteil: Die Partnerschaftszufriedenheit steigt und auch die Lebenszufriedenheit profitiert vom Auszug der Kinder aus dem Elternhaus.

Die Ablösung von der Mutterrolle und der Vaterrolle erfordert Trauerarbeit. Zu diesem Prozess gehört, dass man sich erinnert, was und wie man die Kinder im Laufe ihres bisherigen Lebens erlebt hat. Welche Freude und welche Schwierigkeiten man mit einzelnen Kindern gehabt hat. Wie man durch die Erfahrung der Kinder auch am eigenen Leben gewachsen ist und was man alles aufgegeben hat. Diese Erinnerungen gehen ja nicht verloren, wenn sich Kinder ablösen, sondern können das eigene Leben noch einmal sehr bereichern. Zuweilen werden in der eigenen Trauerarbeit noch eigene Themen der Ablösung transparent. Manchmal hat die Ablösung bei den eigenen Eltern noch gar nicht stattgefunden. Viele Männer und Frauen stellen dann fest, dass sie ihr eigenes Leben noch gar nicht gelebt haben. Das kann neue Impulse setzen.

3.3 Die Beziehung auf dem Prüfstand

Die Lebensmitte ist die Zeit der Bilanzierung. Neben vielen anderen Dingen überprüft man auch die Partnerschaft. Paare mit Kindern betreten das große Krisengebiet, wenn die Kinder das Haus verlassen. Zwangsläufig stellen Eltern sich die Fragen: „War das jetzt alles?“ und „Was kommt denn jetzt?“. Das oben beschriebene Empty-Nest-Syndrom kann Väter genauso überraschen: Gerade jetzt, wo er beruflich vorangekommen ist und endlich in der Familie ankommen will, ist der Nachwuchs ausgezogen. Durch die Ablösung der Kinder bahnen sich längst zur Seite geschobene Lebensthemen schleichend ihren Weg.

Gunda und Christian sind seit 25 Jahren zusammen. Sie kennen sich noch aus der Schule. Ihre drei Kinder sind nacheinander ausgezogen. Auch der Jüngste hat vor Kurzem sein Elternhaus verlassen, um nun ein eigenständiges Leben zu führen. Ihre Arbeitsaufteilung unterlag einem typischen Muster. Christian hat gearbeitet und das Geld verdient, er organisierte die Urlaube und hat durchgesetzt, dass die Kinder eine höhere Schule besuchen. Karriere war ihm ein wichtiger Wert, er liebt seinen Beruf und arbeitet oft bis zur Erschöpfung. Er war häufig auf Dienstreisen und die Kinder hat er an vielen Tagen nicht gesehen. Gunda war zufrieden damit, die Familie zu versorgen, die Kinder zu erziehen und für ihren Mann da zu sein. Nun hat sie erfahren, dass Christian sie schon seit längerer Zeit betrügt. Sie ist geschockt. Nie hätte sie das gedacht. Nach allem, was sie für ihn und die Familie getan hat.

Christians bisheriges Lebensmotto war: „Ich muss vorankommen, ich muss immer der Beste sein!“ Das fiel ihm leicht, weil sein Wert die Karriere war. In Gunda hat er die passende Frau gefunden. Sie wollte Familie und himmelte ihn an. Karriere war ihr nicht wichtig. Ihr Wert war die Familie. Sie war innerlich immer noch das liebe Mädchen, das bestrebt war, keine Schwierigkeiten zu machen und beschützt werden wollte. In ihrer Beziehung hatte das zunächst wunderbar zusammengepasst. Er hat sich in seinem Streben von ihr sehr unterstützt gefühlt und sie war stolz auf ihren tüchtigen Mann. Beide hatten in ihrer Kindheit viel positive Zuwendung für ihr jeweiliges Verhalten bekommen. Im Erwachsenenalter haben sie durch ihre Partnerschaft das vertraute Zuwendungsmuster wiederhergestellt. Sie hatten damit einen „unbewussten Beziehungsvertrag“, eine ungesunde Symbiose. Keiner von beiden musste die eigenen kindlichen Muster verändern. Die Beziehung der beiden hatte der Abwehr der problematischen Seiten dieses einseitigen Lebensmusters gedient.

Wenn Entwicklungsbedürfnisse in der Kindheit nicht befriedigt wurden, stellt die Symbiose einen Versuch dar, diese Bedürfnisse zu einem späteren Zeitpunkt zu befriedigen. Von ungesunder oder dysfunktionaler Symbiose spricht man, wenn die Entwicklung gehemmt und Verantwortung an jemand anders verschoben wird. „Manchmal wird auch entstandenes Unbehagen, das durch die nicht übernommene Verantwortung entsteht, auf den anderen verschoben" (vgl. Kessel/Raeck/Verres 2021, S. 168). Die Symbiose wird unbewusst gesucht, wenn sich jemand gegen die Veränderung des Lebens stellen will. So kann bei jeder Form von länger anhaltender Symbiose gefragt werden, gegen welche Entwicklung sich ein Mensch sperrt.

Diese ungesunde Symbiose zeigt die Problematik beider Lebensmuster: Christians Bestreben, die Bezogenheit auf das „Du" zu verlieren und Gundas Bestreben, sich nicht wichtig zu nehmen, barg die Gefahr, dass beide sich immer mehr in ihre Glaubenssätze hineinsteigerten und sich heillos überforderten: Christian mit seinem Leistungsdruck und Gunda mit ihrer Rücksichtslosigkeit auf sich selbst. Beide haben sich immer mehr verstrickt, bis Christian möglicherweise auf einer unbewussten Suche nach einem Ausweg war. Auf der bewussten Ebene wollte er vielleicht „nur" Zerstreuung und Aufregung. Gunda konnte ihm diesen Seitensprung nicht verzeihen. Möglicherweise reagierte auch sie unbewusst (auf die Symbiose), um einen Ausweg zu finden.

Durch die Ablösung der Kinder wird offenbar, dass beide nicht mehr zufrieden in ihrer Beziehung waren. Ein hohes Maß an Verdrängung und nicht gelebten Wünschen zeigt sich nun, da die Mitte, das Verbindende, also die Kinder, nicht mehr da sind. Die Risse in der Partnerschaft sind früher entstanden. Die Kinder haben das bröckelige Mauerwerk der Paarbeziehung zusammengehalten. Beide erleben eine zunehmende Frustration: Gunda wird immer unzufriedener, weil sie niemanden mehr hat, um den sie sich kümmern kann, gleichzeitig hat sie keine Idee, was sie außerhalb ihrer Familie noch arbeiten könnte. Christian hat weiterhin viel Freude an seinem Beruf, spürt aber eine zunehmende Verärgerung über seine häusliche Situation, die ihn immer mehr belastet. Die allabendlichen Grabenkämpfe bewirken keine Veränderung. Sie hören auf, über ihre Schwierigkeiten zu sprechen. Der Ärger staut sich an.

In der Transaktionsanalyse kann diese Form der „Nicht-Kommunikation mit dem Modell der „Rabattmarkensammlung" beschrieben werden. Genauso wie wir schöne Erinnerungen sammeln können, funktioniert das auch mit negativen Dingen (Abbildung 9).

Vom *Rabattmarken-Sammeln* spricht man, wenn einzelne Situationen, über die man sich ärgert oder über die man verärgert ist, nicht angesprochen werden. Diese kleinen Wutmomente sammelt man unbewusst. Für jedes unschöne Gefühlserlebnis sammelt man eine Rabattmarke (oder heute würde man diesen altmodischen Begriff als „Punktesammeln" bezeichnen). Nach und nach verändert sich etwas an dem Verhalten und auch an den Gefühlen gegenüber der Person, die dieses Sammeln auslöst. Irgendwann stauen sich diese einzelne „Rabattmarken" zu einem großen Ärger an. Bisweilen ist es ein kleines Rabattmarkenheft und manchmal ein mehrbändiges Werk. Wird diese „*Ärger*-Sammlung" eingelöst, kommt es zu heftigen, emotionalen und unsachlichen Gefühlsexplosionen. Das führt natürlich zu Irritationen. Für jemanden, der die Rabattmarkensammlung einlöst, ist die heftige Reaktion gerechtfertigt. Für denjenigen, der Empfänger des Ausbruchs ist, wirkt der Angriff überraschend. Denn schließlich hat er vom „anhäufen" der Marken nichts mitbekommen.

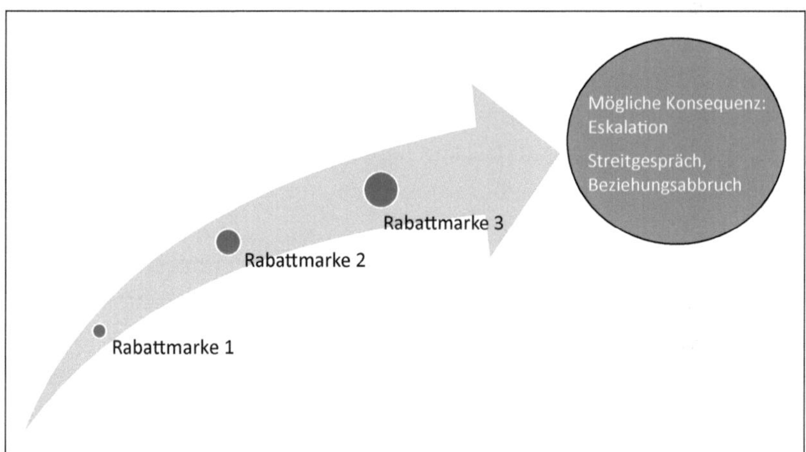

Abbildung 9: Rabattmarken nach Eric Berne (1970)

Um dieser Dynamik entgegenzuwirken und sich nicht immer mehr in die Lebensthemen und die daraus resultierenden Ehethemen zu verstricken, können Paare sich gegenseitig in ihrem Verhalten korrigieren. Sie können ein Verhalten oder eine Aussage, das sie als nicht stimmig zur Situation empfinden, in der Partnerschaft ansprechen. Beide haben dann die Chance, ihre Sichtweisen in der gegenwärtigen Situation zu teilen.

Partnerschaft neu belebt

Beide müssen erkennen, dass die Wahl des Partners und der Partnerin erfolgte, um bei beiden ein Defizit auszufüllen. Christian wurde durch Gunda narzisstisch bestätigt, sie wiederum konnte weiterhin im Status einer „Tochter" sein und brauchte nicht selbstverantwortlich für sich selbst zu werden. Sie haben sich durch ihre Ehe gegenseitig ein Loch in ihrer Identität gestopft. Mit dem Auszug der Kinder merkten beide, dass die Beziehung kaum noch eine Herausforderung bot. Sie war nicht mehr eine gegenseitige Bereicherung. Sie respektierten sich nicht mehr und das erfüllte beide mit Trauer.

Der Weg aus der Krise kann der Wendepunkt in ihrer Paarbeziehung werden. Sie haben die Chance, ihre Beziehung erneut zu gestalten und brauchen sich nicht mehr gegenseitig darin zu unterstützen, ihre Lebensthemen abzuwehren. Die eigenen Lebensthemen aufzugreifen und konstruktiv damit umzugehen, ist der weitere Entwicklungsschritt. Gunda will nun Verantwortung dafür tragen, dass sie Christian nicht nur einfach „machen lässt", sondern ihn partnerschaftlich familiär fordert, wenn er wieder in seine Arbeit und Karriere abtaucht. Sie bestärkt ihn damit. nicht „beziehungslos" zu werden. Christian wird Gunda darin bekräftigen einen geeigneten Beruf für sie zu finden, indem sie kreativ ihre Lebenserfahrung einbringen kann, neues Lernen darf und Freude hat. So lernt sie ihre Bedürfnisse wahrzunehmen und zu artikulieren, ohne ihre Selbstfürsorge zu vergessen.

Das Aufgeben dieser symbiotischen Anteile in einer Partnerschaft beinhaltet nicht notwendigerweise eine Trennung. Sie kann einen Neuanfang für eine neue, aufregende Phase der Beziehung darstellen. Wenn die Einsicht in den eigenen Anteil der Abhängigkeit eher negiert wird, wird oft dem Partner die Schuld für die fehlende Harmonie in der Partnerschaft zugeschrieben. Dieses Vorgehen erscheint leichter, als in die eigenen, häufig sehr schmerzhaften Erfahrungen in Kontakt zu kommen. In dieser Phase neigen Partner dazu, sich wutentbrannt zu trennen oder sich eine „Fake-Freiheit" in außerpartnerschaftlichen Beziehungen zu erobern.

Abschied und Trennung aus der Partnerschaft

Wenn Paare sich trennen, bedeutet es, dass Hoffnungen und Erwartungen, die mit dieser Beziehung verbunden waren, gescheitert sind. Für Partnerschaften, die auseinandergehen, ist das Gefühl der Trauer essenziell. Sie müssen Abschied nehmen von den Hoffnungen und Erwartungen, von den gemeinsamen Erlebnissen und den verbundenen Erfahrungen, von gemeinsamen Krisen und verpassten Gelegenheiten. Trauer als angeborenes Gefühl entsteht, wenn wir jemanden oder etwas Bedeutsames verlieren. Sie begleitet den Prozess des Abschiednehmens und des Loslassens. Wer trauert, hat stark geliebt (Behrens 2015, S. 58 ff.). Auch bei einer „gestorbenen“ Liebe beginnt der Trauerprozess mit der Phase des Nicht-wahrhaben-Wollens: Lange Zeit haben die Partner ausgeblendet, dass etwas Grundsätzliches in der Beziehung nicht stimmt. Immer wieder wurden Erklärungen gefunden für Unstimmigkeiten. Das Paar bewegt sich zwischen den Polen: „Ich trenne mich“ und „Ich habe Angst, allein zu sein“. Das bezeichnet die schwierige, länger andauernde Phase, die der realen Trennung vorausgeht. In diesem Entscheidungsprozess lassen sich immer wieder Bewegungen der Ablösung und der nachfolgenden Wiederannäherung beobachten. Diese Schwingungen entsprechen dem Wunsch nach Trennung und der Angst vor der Trennung, vor der Veränderung und dem Alleinsein.

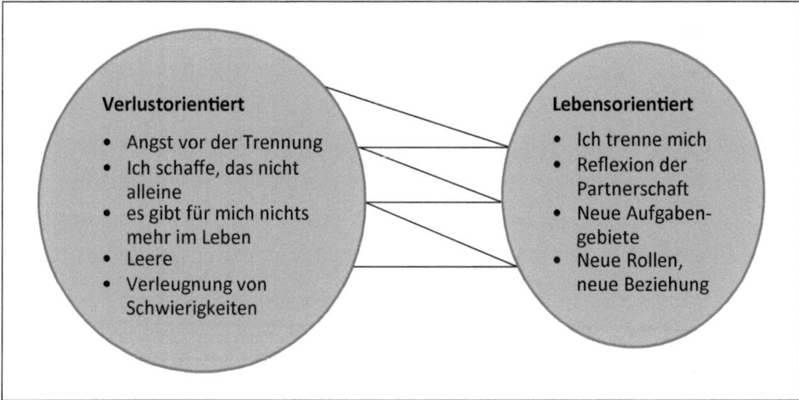

Abbildung 10: Das duale Prozessmodell der Trauer nach Stroebe und Schut (1999)

Die Trauerforscherinnen Elisabeth Kübler-Ross (1973) und Verena Kast (1982) waren die Ersten, die detaillierte Beobachtungen über die wechselnden emotionalen, kognitiven und verhaltensmäßigen Zustände bei trauernden Menschen gemacht haben. Damit haben sie für die unterschiedlichen Zustände in der Trauerarbeit sensibilisiert (Kast 1982):

- Phase des Nicht-Wahrhaben-Wollens
- Phase der aufbrechenden Emotionen
- Phase des Suchens und Sich-Trennens
- Phase des neuen Selbst- und Weltbezugs

Diese Phasen können einander mehrfach abwechseln, in unterschiedlicher Reihenfolge oder unvollständig durchlaufen werden. Die Trauerphasen sind rein deskriptive Modelle und machen keine Aussage darüber, wie getrauert werden muss, oder welche Phase zu einem bestimmten Zeitpunkt bei einem Menschen erreicht werden sollte. Sie sind aber hilfreich, um emotionale, kognitive und verhältnismäßige Veränderungen bei trauernden Menschen besser zu verstehen und einzuordnen. Wird der Entschluss der Trennung umgesetzt, folgt die Phase der chaotischen Emotionen (Wut, Angst, Rache, Enttäuschung, Schuldgefühle etc.). Die Phase des Suchens und Trennens beschreibt sowohl die Gefühle der Ablösung und den Wunsch, die verlorene Person (sei es nach einer Trennung oder den Verlust durch den Tod) sei noch anwesend. Wenn die Phase des neuen Selbst- und Weltbezug erreicht ist, ist ein Leben ohne den Verstorbenen in den meisten Fällen wieder gut möglich. Das heißt allerdings nicht, dass die Trauer dann abgeschlossen ist.

Die Trauerarbeit am Ende einer Beziehung ist ein wichtiger Schritt für die eigene Identität. Dabei wird erlebbar, welche Wünsche mit dieser Partnerschaft verknüpft waren – und vielleicht auch noch immer mit einer neuen Partnerschaft verbunden werden. Deutlich wird auch, welche Eigenheiten dem Beziehungspartner angelastet wurden, für die jeder selbst die Verantwortung hätte übernehmen müssen: Das heißt der:die Partner:in hat die Vertretung für die eigenen Themen übernommen. Möglicherweise findet man heraus, wie oft man zugelassen hat, dass die eigenen Grenzen überschritten wurden oder dass der Ärger über den:die andere:n nicht ausgedrückt wurde. Dieses Herausfinden ist ein wichtiger Schritt in Richtung Autonomie. Sich darauf einzulassen, heißt: das eigene Leben so zu gestalten, wie es sich identisch und richtig anfühlt. Durch diese Auseinandersetzung, die nicht als Paar, sondern individuell vorgenommen wird, werden auch Beziehungswünsche und Beziehungsverhalten bewusst. Die Beziehungsbedürfnisse von Menschen sind unterschiedlich.

Der Psychotherapeut Richard Erskine hat in seinem gleichnamigen Artikel das Grundbedürfnis nach Anerkennung (vgl. Kapitel 2.3) in acht Beziehungsbedürfnissen differenziert (Abbildung 11). Erskine (2008, S. 287–298) betont, dass Beziehungsbedürfnisse nicht in der Kindheit entwickelt werden und dann im Laufe des Lebens verschwinden. Sie sind aktuelle Bestandteile von Beziehung, die an jedem Tag unseres Lebens gegenwärtig sind: am Arbeitsplatz, im Coaching, in der Paarbeziehung, in der Schule etc.

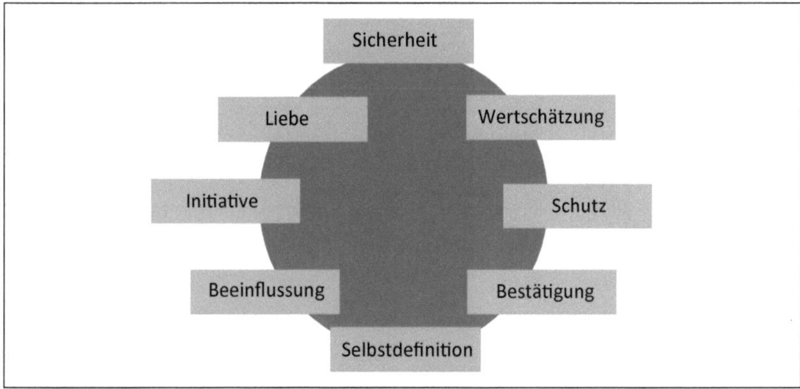

Abbildung 11: Beziehungsbedürfnisse nach Richard Erskine (2008)

Das Bedürfnis nach Sicherheit: „Ich weiß, woran ich bin"[5]

Bei diesem Bedürfnis geht es um die Erfahrung, in der Beziehung in seiner körperlichen und emotionalen Verletzlichkeit sicher aufgehoben zu sein; um das Gefühl, sich zeigen zu dürfen, ohne den Respekt, die Zuneigung der anderen Person zu verlieren. „Sicherheit ist die Wahrnehmung, gleichzeitig verletzlich und in Harmonie mit dem anderen zu sein" (Erskine 2008, S. 290). Klient:innen beschreiben das Bedürfnis nach Sicherheit als „vollkommene Annahme und Schutz" als „Ich bin okay, in dieser Beziehung".

Das Bedürfnis nach Wertschätzung: „Ich erhalte die Wertschätzung, dass meine Bedürfnisse legitim sind"

Hier soll die Bedeutung der eigenen Emotionen und Fantasien bestätigt werden und auch die Realität, so wie jeder sie für sich wahrnimmt. Die Einstimmung auf das Bedürfnis des anderen nach Wertschätzung wird auch durch „Präsenz im Kontakt" erreicht (Erskine 2008).

Das Bedürfnis nach Schutz: „Ich bekomme Orientierung und fühle mich geschützt"

Von jemanden angenommen zu sein, der zuverlässig ist, Schutz bietet und Orientierung gibt, gehört zu grundlegenden Beziehungsbedürfnissen. Ein Bedürfnis nach Führung mag sich auch in einer Idealisierung des Gegenübers zeigen. Eine unbewusste Anfrage nach Schutz, dass jemand Sorge trägt, der größer, stärker und weiser ist als man selbst. Das kann zu einer Idealisierung

5 Vgl. Behrens (2019), sie auch Blogbeitrag: www.c-behrens.de/beziehungsbeduerfnisse/2019 (Abruf 25.06.2022).

führen, die oft ein Echo der Idealisierung der eigenen Eltern ist, wie Kinder sie erfahren müssen: „Alle Kinder brauchen Elternfiguren, die freundlich und stark und liebend und weise sind“ (Erskine 2008, S. 291).

Das Bedürfnis nach Bestätigung: „Der andere glaubt mir“

Hier geht es um persönliche Erfahrungen, die geteilt werden können. Der andere hat Ähnliches erlebt und möchte mit jemanden zusammen sein, der ähnlich ist, der versteht und das eigene Erlebte bestätigt wird. Eine Erfahrung von „denselben Weg im Leben gehen“ (Erskine 2008, S. 293). Jemand ist so wie ich.

Das Bedürfnis nach Selbstdefinition: „Ich erkenne meine Einzigartigkeit“

Das Bedürfnis nach Einzigartigkeit oder Selbst-Definition, wie Erskine (2008) es beschreibt, ist das Verlangen, seine Einmaligkeit zu erleben und auszudrücken sowie von anderen hierin wahrgenommen und akzeptiert zu werden. Auch wenn der andere nicht zustimmt, bleibt er trotzdem im Kontakt. Fehlt die befriedigende Akzeptanz, kann es zum Konflikt kommen. Streit und Konkurrenz in einer Beziehung kann Ausdruck für das Bedürfnis nach Selbst-Definition sein. Der Konflikt hat dann das eigentliche Ziel, Akzeptanz vom Gegenüber zu erfahren. Das Bedürfnis nach Einzigartigkeit und Selbstausdruck muss in jeder gesunden Beziehung befriedigt werden. Unterschiede ermöglichen Kontakt. Ähnlichkeiten führen zur Unterscheidbarkeit.

Das Bedürfnis nach Beeinflussung: „Ich kann beim anderen eine Veränderung bewirken“

Das Bedürfnis nach Beeinflussung ist das Bedürfnis, eigene Fähigkeiten und Kompetenzen einsetzen zu können und damit Einfluss auf andere zu haben – etwas bewirken wollen. Dazu gehört auch der Wunsch, eine emotionale Reaktion beim anderen auszulösen. Es geht darum, dass Berater:innen sich erlauben, „sich vom Klienten berühren zu lassen und mitfühlend zu reagieren, wenn der Klient traurig ist, ihm ein Gefühl von Sicherheit zu geben, wenn er Angst hat, ihn ernst zu nehmen, wenn er wütend ist und sich mit ihm zu freuen, wenn er sich freut“ (Erskine 2008, S. 295). Das kann gegebenenfalls auch bedeuten, dass der andere einräumt, etwas falsch gesehen oder gemacht zu haben, und dies zu bedauern.

Das Bedürfnis nach Initiative: „Ich muss nicht alles alleine machen“

Wenn Andere auch die Initiative ergreifen und auf einen selbst zukommen, signalisieren sie die Bedeutung und die Wertschätzung, die sie mir entgegenbringen.

Das Bedürfnis nach Liebe: „Ich drücke meine Wertschätzung und Fürsorge aus"
Dieses Bedürfnis, Liebe zu geben, wird oft durch Fürsorge, Dankbarkeit, Wertschätzung, etwas für den anderen zu tun ausgedrückt. Es ist in jeder gesunden Beziehung gegenwärtig.

Menschen bringen diese Bedürfnisse in jeder bedeutsamen Beziehung direkt oder indirekt zum Ausdruck und haben dadurch die Möglichkeit, einen in jungen Jahren entstandenen Mangel später auszugleichen. Es ist umso wichtiger, diese Bedürfnisse zu erkennen, um ein möglichst erfülltes Leben zu leben.

3.4 Berufliche Neuorientierung: Von der Karriereambition zur Persönlichkeitsgestaltung

„Schuster bleib bei deinen Leisten!" ist ein Satz, den viele Menschen in der Lebensmitte wohl noch im Kopf haben, wenn sie anfängliche Impulse spüren, ihr Leben zu ändern. Die Zeiten, in denen die erste Berufswahl das berufliche wie auch das persönliche Schicksal besiegelt, dürften endgültig vorbei sein. Ausbildungen sind nicht mehr unweigerlich an ein bestimmtes Berufsbild gebunden.

Immer mehr Menschen geben ihren erlernten Beruf auf, da sie ihn nicht mehr als sinnstiftend erleben. Sie möchten etwas anderes.

Patrizia, 38 Jahre alt, Betriebswirtin und Mutter eines dreijährigen Sohnes: „Durch die Geburt von Max hat sich bei mir viel verändert. Ich bin jetzt alleinerziehend und habe durch diese Zeit eine Stärke erlebt, die ich nicht von mir kannte. Alleinerziehende Mütter müssen viel kämpfen: für den Unterhalt, für die Anerkennung, für Rechte und Kitaplätze. Es ist so eine harte Zeit. Ich möchte nicht mehr als Betriebswirtin arbeiten, ich möchte jetzt andere Mütter aufgrund meiner Erfahrungen und Einsichten beraten".

Das Erleben von Sinn ist dem Menschen ein grundlegendes Bedürfnis in seiner Arbeitstätigkeit und wird „sogar höher bewertet als Anerkennung, Abwechslung und Aufstiegschancen" (Fuchs 2006, S. 12). Wie kommt es, dass ein Mensch in seinem Beruf keinen Sinn mehr empfindet?

Mit 40 Jahren, also zu Beginn dieses Lebensabschnitts, haben sich die meisten bereits im Arbeitsmarkt etabliert. In den folgenden Jahren entwickeln sie wertvolles Know-how in ihrem Arbeitsbereich. Dann stellen sie fest, dass die letzte Stufe der Karriereleiter oft erreicht ist oder dass sie noch andere Talente und Fähigkeiten haben, die bislang im Verborgenen schlummerten. Sie möchten ihre Chancen und Potenziale entdecken und fördern. Mütter und Väter, deren Kinder nun flügge werden, wollen noch einmal richtig durchstarten. Alle Menschen wünschen sich ein Leben, welches ihrer Persönlichkeit entspricht. In dieser Lebensphase wird es bewusst. Menschen, die sich neu orientieren wollen, erkennen diesen fehlenden Sinn anzunehmender Unzufriedenheit, da es nur noch eine „geringe Passung zwischen Person und Berufsumwelt gibt" (vgl. Holland 1997; Hillebrecht 2017). Die Gründe sind vielfältig: Viele der Berufswechselnden würden heute ihren erstgelernten Beruf nicht mehr wählen. Das liegt daran, dass zur Zeit der Ausbildung im jungen Erwachsenenalter, oft kein umfassendes Wissen über das erlernte Arbeitsfeld vorlag. Auch wurden die eigenen Fähigkeiten, Wünsche und Bedürfnisse zur Zeit der Berufsergreifung nicht ernst genommen oder waren nicht stark genug ausgeprägt (vgl. Scheidt 2008, S. 2f.). In vielen Fällen entscheiden sich junge Erwachsene oft in den familiären Traditionen oder dem Rat der Freunde für einen bestimmten Beruf – oder der Arbeitsmarkt bestimmte den Trend. Schaut man sich Familienbiografien an, dann entdeckt man oft gleiche oder ähnliche Berufe, die es schon häufiger in der Familie gab.

Jürgen, Anästhesist, 45 Jahre alt: „In meiner Familie waren schon immer alle Ärzte. Da war es selbstverständlich, dass ich auch diesen Beruf erlerne. Dabei habe ich mich immer für Kunst interessiert. Für Linien, für Farben, Darstellungsweisen. Ich gehe viel in Kunstausstellungen und das reicht mir nicht mehr. Ob ich jetzt noch Kunstgeschichte studieren kann? Oder kann ich als Arzt eine Galerie eröffnen? Wer nimmt mich dann in der Kunstwelt ernst?"

Das, was lange Zeit gut war, entwickelt sich in der zweiten Lebenshälfte anders. Die Kongruenz zwischen der eigenen Person (persönliche Weiterentwicklung, Potenziale, Talente, Werte und Sinn) und der aktuell ausgeführten Tätigkeit besteht oftmals nicht mehr. Für den Rest des beruflichen Weges möchten Berufswechsler diese beiden Pole in Einklang bringen. „But this is what I want to do, and I would rather do it my own way" (Berne 1972, S. 163), so beschreibt es der Begründer der Transaktionsanalyse Eric Berne in seinem Buch und konstatiert, dass es hilfreich ist, von einer Kraft (Physis) auszugehen, die lebendige Wesen kontinuierlich in Richtung „Fortschritt" schiebt.

Der Begriff *Physis* ist ein sehr alter Ausdruck für die schöpferische Kraft der Natur. Eine Triebfeder für Wachstum und Entwicklung. Die Transaktionsanalytikerin Petruska Clarkson sieht die Physis im Zusammenhang mit dem inneren Kern des

Menschen, der danach strebt „zu leben, zu lieben und frei zu sein (Clarkson 1996, S. 294) – sich zu entwickeln und zu wachsen.

In dieser mittleren Lebensphase meldet sich die Selbstfürsorgepflicht stärker als in anderen Lebensphasen. Der Wunsch, sich zu entwickeln, zu leben, zu lieben und frei zu sein, ruft den Menschen auf, es sich nach Möglichkeit gut gehen zu lassen und sich selbst Bedingungen zu schaffen, unter denen er aufblühen und sich entfalten kann. Für die Identitätsentwicklung ist das Empfinden eines zusammenhängenden beruflichen Weges elementar wichtig.

Das ist nicht verwunderlich, denn der Beruf ist häufig eine primäre Quelle der Selbstbestätigung. Über das eigene „Tun" erlebt der Mensch Zugehörigkeit, Anerkennung und Wertschätzung. Die meisten Menschen arbeiten gern gemeinsam an Projekten, entwerfen neue Ideen, treffen sich in Kaffeeküchen und tauschen sich über ihren Beruf aus. Der Beruf leistet somit einen zentralen Beitrag zur Identitätsbildung und -aufrechterhaltung.

Wenn Menschen sich über ihr Arbeitsfeld identifizieren, wird die Erwerbsarbeit als Persönlichkeitsentwicklung gesehen. Die alte Identität möchte abgelegt werden. Die „alten Schuhe" passen nicht mehr. Man ist aus ihnen herausgewachsen. Dabei werden die Werte, Leistungen und Sicherheiten, aber auch der finanzielle Erfolg und die Karriere noch nicht ganz aufgegeben. Allerdings wird das Bedürfnis nach einer sinnstiftenden neuen beruflichen Entwicklung zunehmend größer.

Alexandra, 42 Jahre alt, arbeitet in einem internationalen Kosmetikunternehmen als Marketingkauffrau. Sie möchte gerne einen „Purpose" in ihrem Tun haben und empfindet es für sich anspruchslos, die Kosmetikindustrie weiter voranzutreiben. Immer häufiger leidet sie an Kopfschmerzen und Schlaflosigkeit. Sie möchte gerne etwas mit „Sinn" machen und beschreibt ihre Leidenschaft, Menschen in ihrer Persönlichkeitsentwicklung zu unterstützen und Konzepte zu erarbeiten. Sie entscheidet sich für ein Pädagogikstudium, um ihre berufliche Expertise mit einem anderen Rahmen an Menschen weiterzugeben.

Britta, 52 Jahre alt, ist Juristin und backt in ihrer Freizeit für Freunde, Familie und Kollegin Torten. „Das ist so kreativ, ich bin im Flow und kann mich komplett dabei entspannen. Mit den ‚drögen Paragrafen' verdiene ich mein Geld, aber die Torten geben mir Entspannung". Sie gründet ein kleines Catering Start-Up, das Torten herstellt und ausliefert und berät nebenbei Kunden bei juristischen Fragen.

Matthias, 49 Jahre alt, arbeitet im Tourismusmanagement. Seit Jahren begleitet er Reisende in aller Welt und organisiert Events. Es macht ihm weiterhin Freude, aber irgendetwas fehlt ihm. Er möchte Menschen kontinuierlich begleiten und Entwicklungen sehen. Da er in vielen Kulturen unterwegs war und verschiedene Heilkünste entdecken durfte, hat er eine Ausbildung als Heilpraktiker begonnen. Er bringt seine berufliche Kompetenz und seine Neugierde mit alternativer Medizin zusammen, um ein neues für ihn sinnvolles Berufsleben zu führen.

Kathrin, 58 Jahre alt, ist Grundschullehrerin und überlegt, ob sie jetzt schon in Frührente geht oder nochmals eine 1. Klasse für vier Jahre übernimmt. „Ich habe mich in meinem Leben schon so oft gefreut, wenn die Kleinen zum ersten Mal ein ‚G' schreiben können, von dieser Freude der Lernschritte kann ich einfach nicht genug bekommen. Ich bleibe Lehrerin".

Alle Personen haben sich Begleitung in Form eines Coachings geholt und überprüfen ihre Motive für die zweite Karriere. Einige hatten vage Vorstellungen von dem, was sie wollen und was sie können. Die Fähigkeiten und Talente, die Lust und das Engagement zu erarbeiten, war das eine. Die andere Seite waren die emotionalen Wirkkräfte in diesem Prozess der neuen Entscheidung: In der ungewissen Zone zwischen dem, was war, und dem, was noch nicht ist, haben sich die potenziellen Berufswechsler:innen kraftlos, schutzlos und in vielen Zeiten auch entmutigt gefühlt.

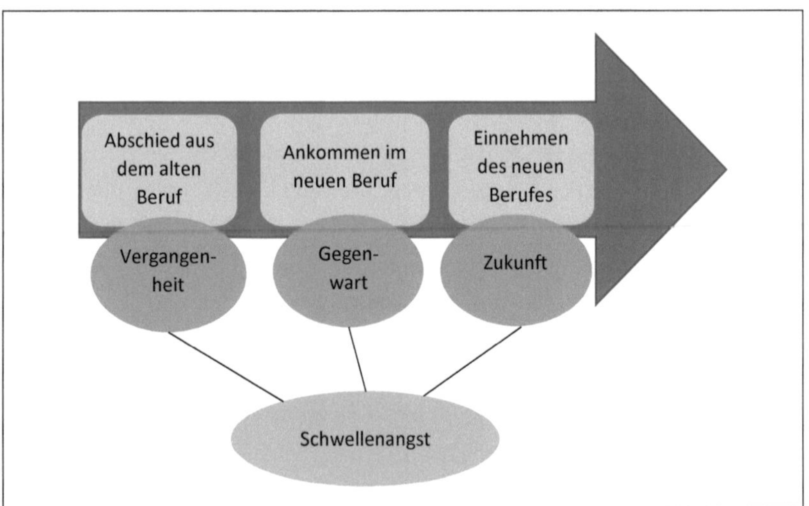

Abbildung 12: Schwellenangst

Die Psychotherapeutin Ingrid Riedel bezeichnet diesen neuen Übergang auch als „Schwellenangst" (Riedel 2015b, S. 155). Diese Schwellenangst (Abbildung 12) ist ein natürliches Phänomen, das mit einer gewissen Aufregung verbunden ist. Menschen, die einen anderen Weg einschlagen, brauchen oft eine explizite Ermutigung, um diesen neuen Lebenspfad zu erobern.

Schließlich wollen sie zum Vorschein zu bringen, was sie schon sehr lange in sich tragen. Das zu tun, was Eltern, Freunde und Lehrende ihnen damals nicht vorgeschlagen haben. Sich diesen Ängsten zu stellen und den Veränderungsweg von einem Coach begleiten zu lassen, kann viele Vorteile haben. Bei einer Neuorientierung braucht es Ermutigung, diesen neuen Weg zu gehen und sich nicht mit alten Glaubenssätzen zu behindern und die Schwellenangst zu überwinden. Die Transaktionsanalytikerin Pat Crossman (1966, S. 61–64) beschreibt Interventionen, die bei Veränderungen sehr hilfreich sind und die Autonomie fördern: Denn Schutzlose brauchen Schutz, kraftlose brauchen Kraft, mutlose brauchen Ermutigung. Diese drei stabilisierenden Wirkkräfte können die internalisierten hinderlichen „Elternstimmen" verändern und entkräften.

Die drei Ps **P**ermission (Ermutigung), **P**rotection (Schutz) und **P**otency (Kraft) kennzeichnen die Beziehung zwischen Coach und Klient:innen.

Permission: Die Klient:innen erlauben sich, die verinnerlichten negativen elterlichen Botschaften durch neue konstruktive Botschaften zu ersetzen.

Protection: Der:die Coach:in unterstützt und bestärkt die Klient:innen, zum Beispiel, um eine Neuentscheidungen zu verstärken.

Potency: Der:die Coach:in strahlt Selbstsicherheit und -vertrauen aus, gestützt durch die beruflichen *Fähigkeiten und professionelle Verantwortlichkeit.*

Zu einer Neuorientierung gehören die Sehnsüchte und Träume dazu. Es kommt dabei viel heraus, diesen Sehnsüchten auf die Spur zu kommen. Und es lohnt sich ebenso, in einer Lebenszwischenbilanz dankbar und würdigend ins Auge zu fassen, was sich vielleicht nur teilweise und vorübergehend erfüllt hat. Leider wird der Mangel oft deutlicher empfunden als das, was sich erfüllt hat. Erfolgreiche Berufswechselnde berichten von ihren Vorbildern, die einen Traum schon verwirklicht haben. Und sich ganz unabhängig von anderen für einen neuen Weg entschieden haben. Entwicklungen zu beobachten und auf sich selbst wirken zu lassen, löst eigene Impulse zur Entwicklung aus. Zu sehen, dass es zum eigenen Leben Alternativen gibt, erlaubt neue Wege zu gehen. Dieses „soziale Lernen“ und die Suche nach dem Sinn im Beruf sind oft der treibende Moment in der Persönlichkeitsentwicklung. Die sinnstiftende Verortung ist wohl die hauptsächliche Motivation für den freiwilligen Berufswechsel.

Die neue Berufstätigkeit im mittleren Lebensalter wird des Öfteren auf der Grundlage der persönlichen Sinnstiftung erfasst und bewertet, wobei die erste Berufswahl oft in Hinblick auf Karriereoption und finanzielle Sicherheit getroffen wurde.

Den Menschen, denen es gelungen ist, einen für sie passenden neuen Beruf zu finden, zeigen eine hohe Zufriedenheit mit ihrer Entscheidung. Allerdings berichten sie auch, dass diese Entwicklungskrise starke negative Emotionen ausgelöst hat. Aus einer „dunklen Phase“ wird über eine „vorübergehende Unbeständigkeit“ schließlich eine sinnstiftende Fügung.

3.5 Ein neuer Blick auf die Eltern

Viele kleine Signale weisen darauf hin, dass die Eltern älter werden: sie klagen häufiger über Schmerzen im Rücken, benötigen ihren Mittagsschlaf, vergessen vieles und nehmen immer mehr Zeit für kleinere Tätigkeiten in Anspruch.

Der Wechsel der starken Eltern zu den Eltern mit ersten Gebrechen ist in den meisten Fällen kaum wahrnehmbar. Ein genaues Datum, ab wann die Veränderung beginnt, ist – von Unfällen und Krankheiten abgesehen – kaum festzustellen. Unbemerkt wird der Radius der Eltern kleiner und der Blick richtet sich oft auf das vergangene Leben. Es wird viel von „früher“ gesprochen und die Vergangenheit immer häufiger glorifiziert. Während die Eltern erste Anzeichen geben, dass sie ihren Schwung verlieren, fühlen sich Menschen in der mittleren Lebensphase in den besten Jahren. Sie sind voller Pläne, haben mit sich und ihrer Umwelt genug zu tun. Wenn die erwachsenen Kinder selbst Eltern sind, erleben sie ein Paradoxon: Innerlich sind die Eltern sehr nah, weil viele Erziehungsmethoden und Rituale von den Eltern für die eigenen Nachkommen übernommen werden. Dadurch entsteht eine Irritation.

Eltern und Kinder nähern sich langsam an und trotzdem driften die äußeren Welten von beiden immer mehr auseinander.

Eltern spüren, dass sie den größten Teil ihrer Lebenszeit hinter sich haben und denken in kürzeren Abschnitten. Auf einmal stellen erwachsene Kinder dann fest, dass sie nie damit gerechnet haben, dass ihre Eltern älter, gebrechlicher oder krank werden. Sie haben sie auf eine kindliche Art und Weise für unsterblich gehalten. Von einer Sekunde zur anderen wird es auf einmal bewusst: die alte Ordnung mit den einst starken Eltern beginnt zu bröckeln.

Lange haben Kinder durch die Eltern hindurchgesehen. Wird ihr Älterwerden realisiert, tickt auch die eigene Lebensuhr schneller. Der Countdown beginnt.

Es ist wie der Verlust einer Illusion. In den meisten Fällen konnte man sich auf die Eltern verlassen. Sie gaben Sicherheit: Volljährigkeit, Ausbildung, Geburt und Auszug der Kinder, Menopause – all das ist bewältigt worden. Nun steht diese nächste Aufgabe an: alte Muster und Rollen sind hinfällig, es müssen andere Wege gefunden werden. Es kommen neue Herausforderungen auf die Kinder zu: Sie wissen, dass bestimmte Tabuthemen nun offen gemacht werden müssen. Was ist mit Pflege im Alter? Gibt es eine Patientenverfügung? Wo und wie wollen die Eltern ihren Lebensabend verbringen? Das anzusprechen ist schwer, daher lavieren Familien oft um dieses Tabuthema herum. Die Eltern wollen die Kinder nicht belasten, die Kinder wollen die Eltern nicht verletzen. Zu groß ist die Angst, Missverständnisse heraufzubeschwören.

Sven, 39 Jahre alt, erzählt von seinem Vater, der ihm beim Umzug hilft. „Er war immer ein ausgezeichneter Handwerker. Und nun war er völlig unsicher beim Ausmessen. Auch musste er sich immer häufiger hinsetzen. Beim Treppensteigen wurde er kurzatmig. Ich war fast erleichtert, als er mich belehrt hat, wie man einen Fensterrahmen richtig ausmisst. Früher wäre ich fuchsteufelswild geworden, da ich mich bevormundet gefühlt hätte", sagt Sven. In diesem Moment jedoch war für ihn die väterliche Reaktion ein kurzes Stück vertraute alte Normalität. „Ich hatte Befürchtungen vor dem, was kommt. Ich will, dass sie auch etwas von ihrem Alter haben und das Leben genießen können. Aber ich weiß nicht, was meine Rolle dabei ist".

Seine Eltern leben in Köln, er in Hamburg. Eine weitere Sorge für ihn ist, dass er seinen beiden Welten nicht mehr gerecht werden kann. „Ich möchte das richtige Maß finden. Darf ich sie jetzt schon auf den Tod ansprechen? Dort sind sie doch noch gar nicht. Was passiert, wenn sie krank werden?". Seine Fragestellungen sind respektvoll und voller Sorge. Er merkt schnell, wenn er Antworten finden will, muss er erst einmal den Fokus auf sich selbst legen, seine Gefühle und seine Ängste verstehen.

„Wenn ich mein eigenes Leben aufgebe und die Distanz nach Köln verringere, dann passt es für mich nicht. Und wenn ich das nicht tue, dann kümmere ich mich nicht genug und bin nicht respektvoll. Eigentlich möchte ich mich gar nicht einmischen. Am liebsten sollen sie aktiv auf mich zukommen". Gleichzeitig ahnt Sven aber auch, dass er nicht passiv abwarten kann. Er möchte eine Lösung und will seine Themen und seine Befindlichkeit mit jenen der Eltern ansprechen. Beide können dann ihre Wünsche nach Unterstützung, Begegnung, Kontakt und Rollen (auch zukünftige) beantworten.

Es gibt keine fertigen Rezepte für diese Gespräche. Es ist sinnvoll, langsam und geduldig mit den Eltern zu reden, die eigenen Wünsche und Unsicherheiten zu benennen. Manchmal hilft es, Alltagstätigkeiten zu nutzen, die sich in der Herkunftsfamilie herausgebildet haben. Beim gemeinsamen Abwasch, Unkraut jäten oder bei Handwerkstätigkeiten, so hat es auch Sven gemacht. Er merkte dann, dass sein Vater mit zwei Dingen konfrontiert war: mit der Trauer um das Verlorene (die Kraft, die Energie) und mit der Angst vor dem, was noch kommt (weiterer Kraftverlust, Pflege, Tod). Mit seinem Mut, dieses Gespräch anzufangen, konnte er seinem Vater Trost geben („Ich bin da und sehe, wenn es dir schlechter geht“) und ihm und sich die Angst für diesen Moment nehmen. Gleichzeitig haben sie beide gemerkt, dass es sich lohnt dieses Thema anzusprechen. Ihre alte Unbefangenheit im Umgang miteinander war wieder hergestellt. „Es war ein schöner Dialog“, berichtet Sven und fühlt sich sehr erleichtert.

Nicht alle Gespräche mit Eltern sind in solchen Augenblicken fruchtbar. Erwachsene Kinder müssen es dann ertragen, dass die Eltern ihre eigenen Entscheidungen treffen. Auch Eltern müssen im Übergang zur neuen Lebensphase (hier: Alter) ihre eigene Autonomie ein weiteres Mal neu definieren und ausbalancieren. Ein respektvoller Umgang und Geduld der Kinder können dabei eine Hilfestellung sein. Wenn es ungelöste Konflikte und unausgesprochene Vorwürfe in der Beziehung zwischen Eltern und Kindern gibt, kann so ein „gut gemeintes“ Gespräch ins Gegenteil umschlagen. Auch hier bahnt sich ein weiterer Entwicklungsschritt für Menschen in der mittleren Lebensphase an: Wenn Kinder wahrnehmen, dass sie nun erwachsen sind und die Eltern nicht mehr übermächtig, kann man Frieden machen mit der eigenen Vergangenheit. Diese Herausforderung zu meistern, heißt verzeihen zu können – die eigene Verantwortung für das eigene Leben zu spüren und nach vorne zu schauen. Wenn erwachsene Kinder es schaffen, die Eltern als getrennt von sich selbst zu sehen, nämlich als Paar mit seiner ganz eigenen Geschichte, dann können sie ihnen auch mit Nachsicht und Verständnis begegnen. Eltern sind sie erst in zweiter Linie.

Das Altwerden ist in Deutschland gut erforscht. Statistisch geht man davon aus, dass zurzeit 4,8 Millionen Menschen Leistungen aus der Pflegeversicherung bekommen. 76 Prozent aller pflegebedürftigen Senioren werden zu Hause versorgt, der Rest lebt in stationären Wohneinrichtungen. 79 Prozent der über 60-Jährigen besitzen eine Patientenverfügung (Statistisches Bundesamt 2022). Doch zeigen diese Zahlen nicht, wie schwierig es ist, mit der Endlichkeit des Lebens umzugehen. Alte Menschen leiden sehr darunter, dass sie nicht mehr so viel tun können, wie in jüngeren Jahren. Das löst Ängste aus. Altwerden bedeutet Loslassen. Es bedeutet, jedes Jahr und jeden Monat kleine und große Abschiede zu ertragen. Das auszuhalten, ist das eine, darüber zu sprechen, das andere.

II Das Alter: Wann ist jemand alt?

Kulturell hat sich seit 100 Jahren folgendes Muster herausgebildet: Menschen treten in die „Lebensphase Alter“ nach der Beendigung des Erwerbslebens mit dem Übergang in den Ruhestand ein (Backes 2013, S. 11). Durch zahlreiche Vorruhestandsprogramme, Selbstständigkeit und Arbeitslosigkeit „zerfasert“ der direkte Einstieg. Dadurch hat sich im letzten Lebensjahrzehnt die berufliche Altersgrenze sehr verschoben.

Biologisch ist das Alter klar definiert: Ein Mensch ist dann alt, wenn die Hälfte seiner Geburtskohorte bereits verstorben ist. Bleibt man bei dieser Definition ist heute ein 60-Jähriger nicht alt, sondern erst ein 80-Jähriger. In der Gerontologie wird zwischen dem dritten und vierten Alter unterschieden:

- Drittes Alter: 60 bis 85 Jahre = junge Alte
- Viertes Alter: ab 85 Jahre = alte Alte

Die Datenlage zu dieser Lebensphase ist sehr vielversprechend und umfangreich. Der Gegenstand der Forschung zum großen Themenkomplex „Alter“ ist das Zusammenspiel von Veränderungen und Stabilität in Fähigkeiten, Eigenschaften, Verhalten und Erleben älterer Menschen. Sehr viel stärker als in der Entwicklung bis ins Erwachsenenalter ist die Frage von Bedeutung, wie es älter werdenden Personen gelingen kann, sich darin zu stabilisieren. Die aktuellen theoretischen Ansätze für die Lebensphase „Alter“ betonen, „dass die Entwicklung im Alter nicht zu Ende ist, sondern im Gegenteil, sie ist facettenreich und multidimensional“ (Wilkening/Freund/Martin 2013, S. 155).

Anders wird es allerdings in den Medien dargeboten. Es scheint oft so, als wenn der körperlich geschwächte Mensch eine Belastung für die Gesellschaft darstellt. Das wurde insbesondere deutlich in der ersten Zeit der Pandemie, als ältere Menschen besonderen Schutz erfahren durften. Alte Menschen rückten zwar wieder in den Fokus der Gesellschaft, allerdings als besonders schutzbedürftige Menschen, die nicht nur alt waren, sondern besonders gefährdet ob ihres Alters. Eine Differenzierung nach Vorerkrankungen erfolgte nicht. Es reichte das frühe Geburtsjahr.

Schaut man sich die Werbung der Pharmaindustrie an, wird schnell klar, dass Menschen sich mit zunehmendem Alter gerne auffordern lassen, alles zu unternehmen, um die äußeren Zeichen des Alterns zu minimieren. Die westliche Gesellschaft ist geprägt von Werten, die man vorwiegend den jungen Erwachsenen zuspricht: Genuss, Fertigkeiten, Unabhängigkeit, Mobilität und natürlich die Leistung. Alte Menschen entsprechen diesem Idealbild nicht mehr. Der Schauspieler Robert De Niro antwortete auf eine Anfrage der Presse, warum er so häufig in Jogginghosen abgelichtet wird: „Ich bin 80. Früher saßen die

Leute mit 80 vor ihrem Haus, rauchten eine Zigarre und spielten Karten. Wann zum Teufel hat das aufgehört, dass man in diesem Land in Ruhe alt werden durfte?“

Ist es leichter, sich an den Maßstäben der jungen Menschen zu orientieren, als sich mit der eigenen altersbedingten Herausforderung zu beschäftigen?

Altersforscher:innen wissen um den Gewinn des Alters. Es ist nicht primär die letzte Stufe des Lebens, sondern vieles, was man vorher getan hat, reift jetzt zur vollen Blüte. Wer das verstanden hat, braucht sein Glück nicht in einem zwanghaften Festhalten der Werte einer anderen Generation zu suchen.

Wie in jeder anderen Lebensphase hat auch das Alter einiges mehr zu bieten und lockt mit Aufgaben, Herausforderungen und Chancen. Lebenslanges Lernen in jeder Lebensstufe verliert auch hier seinen Reiz nicht. Tasten wir uns deshalb vorsichtig an diese Lebensphase heran, die uns häufig derart große Angst einflößt, dass wir sie nicht wahrnehmen wollen.

4. Das junge Alter (65–80 Jahre)

„Das Alter nimmt dir nichts, was es dir nicht erstattet".
Friedrich Rückert

4.1 Kurzinfo: Daten und Fakten

Wer heute in den Ruhestand geht (12 Prozent der Bevölkerung im Jahr 2020, vgl. Statistisches Bundesamt 2022), hat weit mehr Jahre vor sich, als das in aller Regel noch für die Generationen vor uns galt, die das Bild vom Alter der heutigen Renteneinsteiger geprägt hat. Eigene Wünsche und Arbeiten können einen Raum einnehmen, den der ältere Mensch selbst gestalten kann. Dinge neu erlernen, eigene Prioritäten setzen und flexibel neue Herausforderungen angehen. Von einem erfolgreichen Altern spricht man, wenn alternde Personen zufrieden die veränderte Lebenssituation selbstbestimmt verändern können.

Eigentlich ist diese Phase ein gutes Alter. Viele der „jungen Alten" sind sehr mobil. Sie reisen viel, gehen ins Theater oder Kino, sind gut vernetzt mit Freunden. Sie sind körperlich und geistig fit und brauchen in vielen Fällen nicht mehr arbeiten. Sie möchten lange aktiv bleiben, tun viel für den Erhalt der Gesundheit und ihrer Fitness, besuchen Fortbildungen und kümmern sich aktiv um ihr soziales Leben. Diese neue Normvorstellung wird zum Credo einer ganzen Generation und erfolgreiches Alter genannt. Wer diesen Normen nicht entspricht, rutscht schnell in die Stufe der Hochaltrigen. Aber kann man eigentlich diese „jungen Alten" überhaupt schon zu den Alten zählen? Eigentlich sind sie die erste Generation seit Jahrhunderten, die ein gesünderes, aktiveres und autonomeres Leben als gleichaltrige Generationen vor ihnen anstrebten.

Die Frage nach dem Zeitpunkt, ab dem eine Person „alt" ist, kann demnach nicht normativ beantwortet werden. Die subjektive Einschätzung und die bestehenden Handlungsspielräume für das eigene Altern sind entscheidender für die Bewertung von Alterungsprozessen als das chronologische Alter, der Eintritt in die Rente oder das Ergrauen der Haare. All das hat keinen Einfluss auf die Vitalität oder Lebensdauer.

Entsprechend der empirischen Befundlage wird älteren Menschen allerdings ein gewisses Maß an Lebensklugheit und Lebensweisheit zuerkannt, daneben wird aber auch eine verlangsamte Verarbeitung von Informationen wahrgenommen. Bei jüngeren Menschen wird dagegen von einer schnelleren Informationsverarbeitung bei einem gleichzeitigen Defizit an Lebenserfahrung und Weisheit ausgegangen (vgl. Wilkening/Freund/Martin 2013, S. 159). Im Laufe der letzten Jahrzehnte haben sich die Lebensbedingungen und somit auch der psychosoziale Funktionsstatus (Ressourcen und Kontexte) dieser Altersgruppe ständig und bedeutsam verbessert. Kulturelle und gesellschaftliche Anstrengungen, Medizin und Technologie haben dafür gesorgt, dass immer mehr Menschen den im biologischen Lebenslauf angelegten Abbau kompensieren oder sogar verzögern können. Das führt heute mehr denn je zu einem zufriedenen Altersdasein. Die altersspezifischen Anforderungen können dadurch besser bewältigt werden.

Und dennoch wird jede kleine Schwäche, die früher unter Stress abgebucht wurde, als Vorbote einer Zeit gesehen, in der das Leben nicht mehr voll ausgeschöpft werden kann. Die Beschäftigung mit dem Altern ist problematisch: Menschen wollen „gut altern“ und wissen, was im Alter wichtig sein könnte – und nehmen trotzdem das Defizit bereits vorweg. Zu Beginn dieser Lebensphase tauchen plötzlich Fragen auf, die neu sind: Wie wird mein Leben in der Rückschau aussehen? Kann ich noch etwas Neues beginnen? Wird alles bleiben, wie es ist? Ist das gut oder schlecht?

Die Beschäftigung mit diesen Fragen lassen schon den Schatten der nächsten Altersstufe erahnen. Zuweilen kapitulieren Menschen vor der Überzeugung, dass die Zeit nicht reicht, ein neues Leben anzufangen oder andere Pfade einzuschlagen – um zu einer „Ganzheit“ zu gelangen, wie Erik Erikson die Aufgabe dieser Phase beschreibt. Den Begriff „Ganzheit“ hat Erikson leider nicht genauer definiert. Er bleibt an dieser Stelle sehr schwammig. Ganzheit bezeichnet er als „einen seiner Ordnung und seinen Sinn sicheren inneren Zustand, die Fähigkeit zur Liebe nach dem Narzissmus“ (Erikson/Eckard-Jaffe 2005, S. 269). Ganzheit impliziert aber auch eine innere Ordnung und ein sicherer, innerer Zustand. Bei Menschen Mitte 60 richtet sich oft einer der stärksten Wünsche darauf, diese Balance im Leben zu finden, das heißt alle Teile ihres Lebens in eine Harmonie zu bringen.

Das bezieht sich sowohl auf ihre verschiedenen Rollen, die sie in ihrem Leben gehabt haben, als auch die vielen losen Enden der Identität, die noch nicht emotional integriert wurden. Zwar hängt das „Alter der Ganzheit“ mit einigen Verlusten zusammen, das Wohlbefinden ist aber erstaunlicherweise so gut wie in jüngeren Jahren. Staudinger prägte dafür den Ausdruck „Wohlbefindungsparadox“ (Staudinger 2000, S. 133–148). Auch die Forschungsgruppe um

Blanchflower und Oswald (2008, S. 1733–1749) zeigen in ihrer Untersuchung auf, dass Menschen in den frühen 80er Jahren so glücklich sind, wie sie es mit 20 Jahren waren. Dies ist eine erfreuliche Aussicht, wirft aber neue Fragen auf: Gibt es so etwas wie eine tiefsitzende und humane Veränderung im Menschen, die nicht nur mit glücklichen Lebensumständen zu tun hat?

Neben den Studien der genannten Autoren lieferte wohl die bedeutendste und aussagekräftigste Forschung zum Thema Wohlbefinden Carstensen et al. (vgl. Carstensen et al. 2011, S. 21–33). Die Befragungen wurden in jeder Altersgruppe durchgeführt und analysiert. Die Expert:innen kamen schließlich zu dem Ergebnis, das die Zufriedenheit und die emotionale Stabilität im Alter damit zu tun haben, dass sich der wahrgenommene Zeithorizont verkürzt. Sie wiesen nach, dass sich dadurch die Motivation in allen Lebensbereichen verändert: Es ist nicht mehr viel Lebenszeit, daher suchen Menschen nach dem, was für sie emotional bedeutsam ist, und das pflegen sie dann auch. Das kann die Familie oder die Intensivierung von Freundschaften sein oder die Freude an der Arbeit im Garten, wie die Lust an Reisen und Abenteuer.

Viele psychologische Studien (vgl. Blanchflower/Oswald 2008; Smith/Baltes 1996; Staudinger 2000) zeigen, dass auch im Alter noch vieles passiert, das man sowohl lenken als sich auch noch überraschen kann. Man braucht also weder das Alter idealisieren noch verteufeln. Das Alter ist wie alle anderen Lebensphasen eine Entwicklungsaufgabe und braucht Flexibilität. Flexibilität als Beweglichkeit und Anpassungsfähigkeit verstanden erfüllt eine wichtige Kompetenz im Leben allgemein und im Alter ganz besonders. Sie eröffnet einen Raum für die vielen guten Erfahrungen, die junge Alte (und natürlich auch alte Alte) machen dürfen.

4.2 Flexibilität im Alter

Der Ausdruck „Älterwerden" ist ein dynamisches – und damit kein starres – Wort. Im Älterwerden liegt ein langsames Einstimmen auf die nächsten Alters- und Lebensphasen. Und ein Loslassen von dem, was war. Mit dem Eintritt in das Rentenalter können eigene Wünsche und Arbeiten einen Raum einnehmen, den älter werdende Menschen selbst gestalten können. Dinge neu erlernen, eigene Prioritäten setzten und flexibel neue Herausforderungen angehen.

Das Wort Flexibilität leitet sich vom Lateinischen *flectare* ab und meint sich anzupassen, biegsam zu sein, nicht zu zerbrechen und immer wieder in die alte Form zurückzukommen. Wie ein Bambus, der sich mit dem Wind biegt.

Flexible Menschen sind in der Lage, sich den Anforderungen der Umwelt zu stellen und sich entsprechend anzupassen und zu verändern. Sie stellen sich den Herausforderungen des Lebens, ohne sich selbst aus den Augen zu verlieren. Viele dieser Aufgaben sind vorhersehbar und können geplant werden. Andere Umstellungen kommen überraschend: Der Körper altert und man bekommt Krankheiten, mit denen man nie gerechnet hat, Freundschaften verblassen, geliebte Menschen sterben. Es gibt im Älterwerden genügend Variablen, die nicht kalkulierbar sind. Das, was in jüngeren Jahren noch attraktiv und sexy war (das Leben auf sich zukommen lassen), wird mit zunehmendem Alter ängstlich beobachtet. Das Älterwerden ruft dazu auf, die eigene Komfortzone zu verlassen. Die gewohnten Muster zu hinterfragen und eventuell auch aufzugeben. Flexibilität ist keine Charaktereigenschaft, sondern setzt eine Entscheidung voraus. Das Lernen und Wachstum verlangen nun nach noch mehr Flexibilität. Es geht um den bewussten Schritt von der Komfortzone in die Lernzone (Abbildung 13).

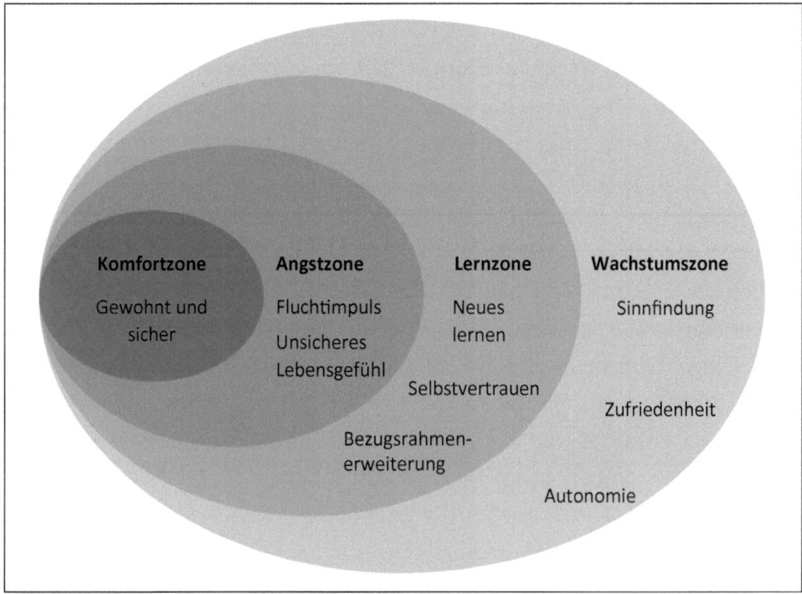

Abbildung 13: Komfortzone • Angstzone • Lernzone • Wachstumszone

Dieser Schritt in die Lernzone lohnt sich, denn flexible Menschen neigen im Allgemeinen dazu, mehr Lebensqualität zu haben. Durch ihre Einstellung können sie ihre eigenen Gefühle besser kontrollieren, kreativer mit Schwierigkeiten umgehen und sich darüber hinaus an vielen positiven und bereichernden sozialen Beziehungen erfreuen. Der Blick nach vorne wird geschärft und verschafft dem älter werdenden Menschen eine Kontrollerfahrung und mehr Selbstbewusstsein.

Kast (2021, S. 17) beschreibt die angemessene Flexibilität der Alten als eine „wissende" Flexibilität. Denn diese weiß darum, dass die Kräfte nachlassen und bestimmte Unzulänglichkeiten zum Alter dazugehören. Sie weicht dem nicht aus und muss auch nicht perfekt sein, auch wenn oft mehrere Anläufe gebraucht werden, um etwas zu erreichen. Die „wissende" Flexibilität weiß vom Scheitern und vom Aufstehen.

„Sie ist geschult durch viele Veränderungen des bisherigen Lebens und hofft dennoch auf Kontinuität, weiß um die Kontinuität in der eigenen Persönlichkeit, Kontinuität in der Veränderung" (Kast 2021, S. 17).

4.3 Kontrolle im Alter

Der Gegenspieler zur Flexibilität ist die Kontrolle. Mit zunehmendem Altern kann nicht mehr so viel kontrolliert werden, wie in früheren Jahren. Die Informationsverarbeitung wird langsamer, das Hör- und Sehvermögen lässt nach. Die Wahrnehmung insgesamt ist nicht mehr so geschärft wie in jüngeren Jahren. Die körperliche Leistung lässt nach und die Reserven sind in vielen Bereichen aufgebraucht. Es braucht eine neue Anpassung, um auf die Anforderungen des Alltags weiterhin reagieren zu können.

Baltes und Baltes (Baltes/Baltes 1990, S. 85 ff.) entwickelten ein Modell für eine erfolgreiche Anpassung an die Veränderungen des Lebens. Das Konzept der selektiven Optimierung und Kompensation (SOK-Modell) zeigt auf, wie diese Anpassung an schwächer werdende Ressourcen gelingen kann. Hintergrund ihrer Forschung ist die Lebenspannenkonzeption mit ihrer Annahme von Gewinnen, Stabilität und Verlusten im Alter. Durch ihre umfangreichen Studien konnten die Wissenschaftler nachweisen, das Altern und Erfolg kein Widerspruch sind. Denn Menschen haben auch im Alter die Möglichkeit, aktiv und flexibel ihr Leben zu gestalten und regulativ auf die jeweiligen Herausforderungen zu reagieren.

Selektion: Wenn die frühere Leistung nicht mehr erreicht werden kann, wird die ausgeübte Tätigkeit in einer reduzierten Anzahl von Tätigkeiten selektiert.

Johann, 78 Jahre alt, hat sich immer für die Vermögensanlage eingehend mit dem internationalen Finanzmarkt beschäftigt. Nun konzentriert er sich nur noch mit dem deutschen Markt und schaut sich Themenfonds im Bereich Gesundheit, Alter und Nachhaltigkeit an. Diese Themen hat er sich ausgesucht, weil sie seinem jetzigen Lebenssinn entsprechen.

Optimierung: Die Leistungsfähigkeit wird durch Training und regelmäßiges Üben erreicht. Durch diese Optimierung findet auch im Alter persönliche Entwicklung statt. Ist die Anwendung zur Routine geworden, bleibt die Selbstständigkeit erhalten.

Johann besucht jetzt spezielle Börsen-Seminare und trifft sich via Zoom mit anderen Interessierten. Außerdem abonniert er verschiede Newsletter zu seinem Thema.

Kompensation: Die im Alter hinzugekommene Defizite können durch neue Hilfsmittel reduziert werden, sodass diese nicht mehr negativ wahrgenommen werden. Dazu gehören Brillen genauso wie Hörgeräte oder Gehhilfen.

Johann wählte Finanzmanagementtools aus, die ihm die Informationen über seine Anlagen geben. Ohne viele manuelle Eingriffe ist er jetzt jederzeit informiert.

Wer dieses Modell schon in jüngeren Jahren anwendet – und das machen viele schon intuitiv –, lebt ständig mit dem Älterwerden und hat dieses Prinzip für die eigene Lebensgestaltung akzeptiert. Der Mensch in dieser Lebensphase passt sich an das veränderte Leben an, hat wieder ein Ziel, das bedeutend ist, eine Vision, hat aber auch einiges losgelassen und die Ziele werden weniger, aber sie fehlen nicht.

Eine weitere gewichtige Ressource, um das Leben auch zukünftig zu meistern, sind Gefühle und Emotionen. Denn das Leben ist von Anfang bis Ende von Emotionalität begleitet. Jede Erfahrung ist verknüpft mit Emotionen, so auch schon die vorherigen Entwicklungsphasen. Wenn es gelingt, die Emotionen, die weitestgehend die eigenen Handlungen steuern, bewusst als Gefühle wahrzunehmen, können Menschen mit neuen Herausforderungen besser umgehen. Und das scheinen ältere Menschen oft müheloser zu können, weil sie es im Laufe ihres Lebens gelernt haben.

4.4 Gemischte Gefühle

António Damásio, Neurowissenschaftler an der University of Southern California und wohl einer der bekanntesten Köpfe seiner Zunft, formuliert: „Emotionen sind kein Luxus, sondern ein komplexes Hilfsmittel im Daseinskampf“ (vgl. Pontes 2018, S. 1). Wenn es Leib und Seele gleichermaßen gut geht, ist das Überleben gesichert. Für den Körper wehrt das Immunsystem Gefahren ab, Gefühle leisten das für unser seelisches Leben. Emotionen schätzen Situationen automatisch ein. Sie reagieren auf einen Reiz. Daraus entsteht dann ein Gefühl. Es ist die Wahrnehmung dessen, was in unserem Körper und in unserem Geist vorgeht, wenn wir Emotionen haben.

Glücklich darf sich schätzen, wer einen guten Zugang zu seinen Gefühlen hat. Sie ebnen den Weg zu einem erfüllten Leben. Gerade die als negativ und belastend empfunden Gefühle können als Signal verstanden werden, um notwendige Veränderungen in Angriff zu nehmen. Diese Gefühle zu erkennen und anzunehmen führt uns zurück zu einer lebensbejahenden Balance, zu Vertrauen in uns selbst und in die Zukunft mit anderen. Die Gefühle helfen dem Menschen dabei zu reifen und neue Erfahrungen zu verarbeiten. Das trägt zur Ganzheit bei. Wenn die „belastenden“ Gefühle verdrängt werden, wird ein wichtiger Teil von uns abgespalten. Denn diese Gefühle orientieren uns auf dem Lebensweg.

- Die Angst weist auf etwas Zukünftiges hin, zum Beispiel wenn jemand von einer Gefahr ergriffen wird, fokussiert sie die Aufmerksamkeit für diese Bedrohung.
- Schmerz weist darauf hin, dass etwas geheilt werden will.
- Die Trauer unterstützt uns, wenn wir etwas verlieren, was uns wichtig war. Sie ist notwendig, um etwas loszulassen, was für den trauernden Menschen einen hohen Wert hatte (vgl. Kapitel „Trauer“).
- Der Ärger stellt die nötige Energie zur Verfügung, um etwas zu verändern, wenn persönliche Grenzen verletzt wurden.

Emotionen kann man als System zur Bewertung von Situationen beschreiben. Bevor Menschen in die Handlung kommen, ist die emotionale Reaktion oft schon erfolgt, ohne dass darüber nachgedacht wurde. Diese emotionalen Schaltkreise sind im Gehirn dem limbischen System zugeordnet. Dort finden die ersten Bewertungen statt. Die etwas langsam arbeitenden Cortex-Bereiche (dort entstehen bewusste Gefühle), sind noch nicht involviert. Wenn Menschen also ein „diffuses Gefühl“ haben oder sie die Ahnung beschleicht, „dass irgendetwas nicht stimmt“, sind die Emotionen tätig. Sie ordnen solange, bis man mit dem entsprechenden Gefühl reagieren kann.

Es gibt Grundgefühle, die Menschen angeboren sind: Ärger, Trauer, Schmerz, Freude und Angst. Der Ausdruck dieser Gefühle ist allerdings kulturell und familiär beeinflusst. Das Erleben und Beobachten dieser Gefühle wird stark geprägt von der Bindungsperson in den ersten Lebensjahren. Wenn in der Herkunftsfamilie ein Gefühl wie „Ärger“ nicht erlaubt war, ist es möglich, dass das Kind ein Ersatzgefühl entwickelt hat. Ein Ersatzgefühl ersetzt das eigentliche Gefühl, das einer Situation angemessen ist. In zukünftigen Situationen ärgert sich dieses Kind, nimmt dieses Gefühl aber nicht war, sondern weint über die ärgerliche Situation. Das Weinen ersetzt dann den Ärger. Eine Lösung wird nicht gefunden.

In der Transaktionsanalyse werden *funktionale Gefühle* von *dysfunktionalen Gefühlen* unterschieden. Diese Gefühle, die nicht zur Lösung eines Problems genutzt werden können, werden „Ersatzgefühle“ genannt. Das Ersatzgefühl entspricht nicht dem inneren Erleben und hilft nicht eine Situation zu erarbeiten.

Originäre Gefühle weisen spezifisch auf eine Situation hin. Sie haben einen Auslöser, eine Funktion und einen Zeitbezug.

Grundgefühl	**Auslöser**	**Funktion**	**Zeitbezug**
Ärger	Frustration	Veränderung, Abgrenzung	Gegenwart
Trauer	Verlust	Loslassen, den Verlust verarbeiten	Vergangenheit
Angst	Bedrohung	Schutz suchen, sich selbst schützen	Zukunft
Schmerz	Verletzung	Heilung	Gegenwart
Freude	Erfüllung	Lebensenergien werden freigesetzt	Vergangenheit, Gegenwart, Zukunft

Tabelle 5: Originäre Gefühle

Was die Wahrnehmung dieser Gefühle für alte Menschen leistet, beschreibe ich im Folgenden.[6]

6 Alle Gefühle treten auch in anderen Lebensphasen auf.

Angst

Martina, 69 Jahre alt, hat Sorge, dass sie nicht mehr attraktiv für andere sein wird. „Ich habe mich daran gewöhnt, dass ich nicht mehr so hübsch wie früher bin, aber was ist, wenn ich nicht mehr deutlich spreche, nicht mehr humorvoll und schlagfertig kontern kann, wenn ich nervös werde, nur weil ich mal eine Reise mache. Wenn ich komplexe Dinge nicht mehr einordnen kann …"

Mit dem Altern sind Ängste verbunden. Es ist nicht nur die große Angst vor dem krankheitsbedingten „Dahinsiechen" oder dem Tod, die Menschen in dieser Lebensphase Angst macht. Es sind die Ängste vor den vielen kleinen Verlusten: Die Angst, noch vergesslicher zu werden, nicht mehr gehört zu werden, nicht attraktiv für andere Menschen zu sein, wie Martina es in dem Beispiel ausdrückt.

Diese Vorwegnahme, die diffuse Sorge, nimmt viel von dem gegenwärtigen Lebensgefühl. Sie verdeckt möglicherweise die wirkliche reale Angst, die ansteht und die geteilt werden kann. Die Energie, die die Angst freisetzt, könnte ebenso für die Dinge eingesetzt werden, die zukünftig wichtig sind. Unsere Protagonistin Martina, kann sich schützen, indem sie mit anderen Vertrauten über diese Angst spricht und sich Informationen über das Alter holt. Sie kann überprüfen, ob sie tatsächlich Angst vor der Zukunft hat oder ob sie vielleicht eher über das vergangene Leben trauert. Nimmt die Angst vor dem weiteren Altern noch mehr Raum ein, macht sie unglücklich. Die vorweggenommene Befürchtung wird vermutlich eintreten, aber vielleicht ist das dann gar nicht so schwierig, wie vorher gedacht. Andere Dinge musste man auch schon loslassen.

Über Ängste zu sprechen, diese zu artikulieren und andere Sichtweisen dazu zu teilen, nimmt viel von der Verlustangst. Es ist eine Form der Entwicklung, damit die innere Ruhe wiederhergestellt werden kann. Und es kann Neues entstehen: Was ist jetzt dran? Essenziell im Alter ist, dass nicht nur einfach etwas wegfällt, sondern das etwas gefunden wird, von dem man begeistert ist.

Ärger

Ilse, 75 Jahre alt, und Rolf, 82 Jahre alt, haben entschieden, nach Portugal zu ziehen. Sie wollen dort ein Haus bauchen und noch einmal ganz von vorne anzufangen. Die Kinder sind dagegen und glauben, dass ihre Eltern die Kräfte nicht mehr haben und eine falsche Entscheidung treffen.

„Wo steht geschrieben, dass man keine falschen Entscheidungen treffen darf? Das hört im Alter doch nicht einfach auf", ärgert sich Heinz.

Nicht nur die Angst ist ein großes Thema im Alter, auch der Ärger. Angst kann lähmend wirken, Ärger ist vital und energetisch. Dieser Ärger wird erlebt, wenn Menschen in ihrer Selbsterhaltung und in ihrer Selbstentfaltung beeinträchtigt werden. Sie fühlen sich in ihrer Integrität verletzt, da die Grenzen überschritten werden. Grenzverletzungen – schon in ungebetenen Ratschlägen – finden im Alter gehäuft statt. Erwachsene Kinder haben häufig eine Vorstellung davon, wie die alten Eltern leben sollen und können oft die Entscheidung des selbstbestimmten Lebens der Eltern nicht mittragen.

Familie und Freunde reagieren vielmals etwas schnell und übernehmen eine Verantwortung, wohl auch, weil sie die eigene Unsicherheit angesichts des älter werdenden Menschen nicht aushalten.

Margot, 78 Jahre alt, teilt ihren Kindern mit, dass sie nach Paris ziehen will, um dort Akkordeon spielen zu lernen. Das ist ein Lebenstraum für sie. Auf die Frage, warum sie dafür unbedingt nach Paris ziehen muss, antwortet sie ganz selbstverständlich: „... weil Paris die besten Akkordeonschulen hat".

Lisbeth ist selbstbewusst in ihrer Handlungsidee, muss sich aber weiter ihren Kindern und ihrer Umwelt gegenüber verteidigen.

Was ist mit der Selbstentfaltung im Alter? Ein alter Mensch darf noch über Grenzen gehen und mehr von sich erwarten, als er vermeintlich noch leisten kann. Wenn die Umwelt jemanden bei der Selbstentfaltung einschränkt, dann kann es zu Ärger kommen. Diesen Ärger zu spüren und anzusprechen ist auch im Alter eine Herausforderung – die sich aber als Übungsaufgabe lohnt. Würden mehr ältere Menschen ihren angemessenen Ärger auf Grenzverletzungen ausdrücken, hätten wir möglicherweise einen anderen Blick auf Vitalität im Alter.

Wenn der Ärger nicht ausgedrückt wird, kann es sein, dass er an anderer Stelle Luft macht. Oftmals unverhältnismäßig groß bei alltäglichen Ärgernissen (vgl. Kapitel „Druckausgleich") im zunehmenden Alter: kleine Schrift in Beipackzetteln, das viel zu fest zugeschraubte Marmeladenglas, die graue Schrift und die kleinen Tasten beim Handy. Diese kleinen Ärgernisse können als Hinweis verstanden werden, neue Grenzen zu setzen, um sich die eigene Integrität zu sichern.

Schmerz

Jede Verletzung, ob körperlich oder seelisch, kann Schmerzen auslösen. Schmerz signalisiert, dass etwas nicht in Ordnung ist. Nicht so funktioniert, wie es eigentlich sein sollte. Jemand, der Schmerzen hat, wird durch den Schmerz aufgefordert, die entstandene Wunde zu versorgen. Menschen werden im Alter gebrechlicher und das tut weh. Sie erleben Schmerzen. Und sie können einsam sein und dass können sie auch als großes Leiden erleben. Emmanuel Levínas, ein litauischer-französischer Philosoph, beschreibt es so: „Die ganze Schärfe des Leidens liegt in der Unmöglichkeit zu fliehen" (Lévinas 1987, S. 349). In diesem Satz liegt die Konfrontation mit Schmerz, mit der Unmöglichkeit der Endlichkeit zur entfliehen.

Freude

Fast alles was es auf der Welt gibt, kann Freude bereiten. Freude ist das Gefühl, das Menschen fühlen, wenn etwas besser ist als erwartet, vollkommener als gedacht. Von einer solchen Situation wird man oft überrascht: eine inspirierende Reise, eine unerwartete Begegnung. Man bekommt etwas und freut sich darüber. Freude ist gut für das Selbstvertrauen. Meistens denkt man im Augenblick der Freude nicht über das Selbstwertgefühl nach. Menschen, die sich freuen, *sind* einfach. Sie sind im Hier und Jetzt.

Männer im jungen Erwachsenenalter erwähnen an erster Stelle die Freude an Leistung und Kompetenz. Die Frauen aus dieser Lebensphase stellen die Freude an Erfahrungen in Beziehungen an die erste Stelle, besonders aber auch die Freude, bei anderen Personen eine Freude ausgelöst zu haben. Leistung und Kompetenz steht bei Frauen erst an zweiter Stelle, bei Männern die Freude über die Freude der Anderen erst an dritter Stelle. Arbeit kann bei Männern und Frauen eine große, stille Freude auslösen, wenn man im „Flow" ist und sich sehr darin vertieft, sodass alles drum herum vergessen wird. Das „Finden" löst Freude aus: Ob es ein besonders günstiges Angebot oder das „Erfinden" von etwas ist. Allein das allgemeine Finden ist geschlechts- und altersunabhängig. Für ältere Menschen stand die Freude an der Natur, am Wachsen, am Gründen im Vordergrund. Aber auch die Freude, einen besonderen Kunst- oder Musikgenuss beizuwohnen. Auch die Abwesenheit von Schmerz kann Freude auslösen, wenn dieser Schmerz einen lang begleitet hat.

Wer sich freut, fühlt sich auch anderen Menschen näher und verbundener. Das Erleben von Freude ist eine besondere Ressource. Manchmal hat es sogar den Anschein, dass wir durch die Freude auch dem Zerstörerischen, das es im Leben gibt, mehr Widerstand entgegensetzen können. Bei vielen älteren Menschen stellt sie sich die Freude ein, wenn sie sich an etwas Freudvolles aus der Vergangenheit erleben. Und dann gibt es noch die Vorfreude. Eine besondere Freude. Sie lebt in der Vorstellung und damit auch von der Zukunft. Die Vorfreude ist eine mutige Freude: sie ist getragen von der Hoffnung auf ein gutes Schicksal und auf das „Vertrauen in die eigenen Fähigkeiten, auch mit Enttäuschungen kompetent umgehen zu können" (Kast 2021, S. 67).

Trauer

Die Trauer wird ausgelöst durch einen Verlust. Trauer bezieht sich nicht nur auf den Verlust eines geliebten Menschen. Sie kann ebenso auf den Verlust der Heimat, der Gesundheit, aber auch von Träumen und Hoffnungen gerichtet sein. Die Funktion der Trauer ist das Loslassen von etwas, was einem materiell oder ideell sehr wichtig war (vgl. Kapitel 3.3). Wer trauert, hat zuvor tief geliebt. Wenn es um einen Verstorbenen geht, heißt das, dass man auch der Liebe zum Verstorbenen einen gebührenden Raum einrichtet, ihr begegnet und ihr Ausdruck verleiht. Diese Qualität der Liebe in der Trauer wieder zu entdecken und sie als „kleine Schwester" der Trauer zu transformieren und zu würdigen, hilft Trauer zu verarbeiten. Im Trauerprozess geht es auch darum, dass bereits gelebte Leben und das darin Erfahrene mit der Trauer in das zukünftige Leben zu integrieren. Die Trauer betrifft verschiedene Dimensionen:

- *Die physische Dimension:* Sie beschreibt die körperlichen Auswirkungen. Trauernde Menschen fühlen sich schlapp und müde, sie schlafen schlecht, haben weniger oder mehr Appetit.
- *Die emotionale Dimension:* Sie beschreibt die empfindsame Befindlichkeit. Tränen und Angst, Wut und Traurigkeit können sich ablösen. Schuldgefühle können genauso auftreten, ebenso wie Trauernde sich aufgewühlt fühlen oder sehr bewegt sind.
- *Die soziale Dimension:* Sie beschreibt das Umfeld der trauernden Person. Das ganze Familien- und Freundessystem ist betroffen. Dabei trauert jeder Mensch auf seine Art.
- *Die spirituelle Dimension:* Sie beschreibt die Sinnfrage, ob Trauernde religiös waren oder nicht: worin liegt der Sinn des Verlustes?

Neben diesen Grundgefühlen, die natürlich auch in früheren Jahren auftauchen, gibt es sogenannte komplexe Gefühle. „Sie entstehen im weiteren Verlauf der Sozialisation und entwickeln sich in verschiedenen Kulturen unterschiedlich. Ein konstruktiver Umgang mit ihnen setzt Reflexionsfähigkeit und

-bereitschaft voraus“ (Kessel/Raeck/Verres 2021, S. 65). Es gibt viele komplexe Gefühle. Eines, das in den letzten Jahren immer häufiger beachtet worden ist, ist gerade auch beim Älterwerden ein wichtiges Thema: die Scham.

Scham

Autonom zu sein, selbstständig zu sein, sich kontrollieren zu können: das sind wichtige Errungenschaften im Leben. Im Alter droht einiges davon zu verlieren – und das beschämt.

Scham wird ausgelöst, wenn eine Person merkt, dass sie sich nicht ihrem eigenen Selbstverständnis oder den Werten der Gemeinschaft, mit denen sie sich identifiziert, entsprechend verhält. „Sie schämt sich für etwas, das in ihren Augen eine Normverletzung darstellt“ (Schneider 2022, S. 8). Wenn sich jemand schämt, geht dem voraus, dass er sich plötzlich bloßgestellt fühlt oder sich selbst bloßstellt. Oftmals ist es etwas Unstatthaftes, etwas Schlechtes. Wenn man sich schämt, möchte man am liebsten im Boden versinken, wenn zum Beispiel etwas gesehen wird, das man eigentlich verbergen möchte. Und im Alter sind dies häufig Situationen der körperlichen Beeinträchtigungen: mit fortschreitenden Jahren nicht mehr ganz so ordentlich zu essen, wie man es mal gekonnt hat, oder die Ausscheidungen nicht mehr kontrollieren zu können.

Menschen, die sich schämen, stellen sich vor, dass andere Menschen sie mit sehr kritischen, unfreundlichen Augen betrachten.

Es könnte sein, dass eine Gesellschaft im Jugendwahn auf die nachlassende Kontrolle der Alten schaut, aber es liegt auch in der Eigenverantwortung der Alten, sich von Resten dieses Jugendwahns zu befreien. Es ist das Wesen des alternden Körpers, dass vieles weniger kontrolliert werden kann, weil es eben nicht mehr so gut funktioniert. Und dies ist eine weitere Entwicklungsaufgabe des Alters: freundlich auf den Körper zu schauen, der vieles konnte und jetzt seine Schwächen zeigt.

Menschen werden in ihrem Leben beschämt: durch Eltern und Geschwister, durch Lehrer und Lehrerinnen, durch Freunde und Kolleg:innen. Wenn Kinder eine beschämende Erfahrung gemacht haben, die später nicht mehr erinnert wird, können sie später dennoch im Körpergedächtnis gespeichert sein. Werden Menschen als Erwachsene in anderen Situationen erneut beschämt, kommen diese Erinnerungen wieder.

Empathie ist ein wichtige Reaktion auf Scham. Wenn Menschen ihre Scham veröffentlichen und Empathie spüren, ist es oft ein erster wichtiger Schritt in Richtung Heilung. Die eigene Erzählung über die Scham mit anderen Menschen zu teilen, kann hilfreich sein, mit der eigenen Beschämungsgeschichte umzugehen. In diesem Zusammenhang hilft es auch, die Scham zu differenzieren: Wer hat beschämt? Andere? Oder ich mich selbst? Oder habe ich gegen Werte verstoßen?

In der Scham kann der Mensch nachspüren, welchen Erwartungen, Werten und Normen er folgt. Der alternde Mensch kann seine eigenen Grenzen erweitern, indem er das Schamgefühl zur eigenen Weiterentwicklung nutzt. Wenn es „gelingt, innezuhalten, die als fremd und unkontrollierbar erscheinenden Aspekte mit alle Sinnen wahrzunehmen, sie zu begreifen, ihnen einen Sinn zu geben, sie einzuschätzen und in ihr Selbst zu integrieren (Schneider 2022, S. 8), dann kann die Scham genutzt werden, um neue Entwicklungen im eigenen Leben anzustoßen.

Wenn das gut glückt, gelingt es auch, anders auf die Welt zu schauen: Die Mitmenschen sind vielleicht gar nicht so kritisch, sondern empathisch, freundlich und neugierig akzeptierend.

Schuld

Schuldgefühle beziehen sich auf unser Tun, auf unser Verhalten, während Schamgefühle sich auf unser Sein, auf unser Wesen beziehen. Schuldgefühle sind quälend und unangenehm. Sie weisen darauf hin, dass das Thema, für das man sich schuldig fühlt, in die eigene Verantwortung genommen werden muss. Schuldgefühle haben den Sinn, aufzuzeigen, dass eine Grenze überschritten wurde, die entweder andere oder wir selbst uns nicht erlauben zu überschreiten. Es liegt viel Würde darin, zu den Fehlern zu stehen, die gemacht worden sind und die zu Situationen geführt haben, die nicht mehr zu verändern sind. Es hat aber auch wenig Sinn, sich deswegen zu aufzugeben. Die Verantwortung zu übernehmen und darüber zu reflektieren, was davon in die eigene Verantwortung genommen werden muss, ist die angemessene Reaktion auf Schuldgefühle.

Einen anderen Ansatz von Schuldgefühlen entwickelt die Trauerbegleiterin Chris Paul: Wenn die eigene Welt (Beziehung, Ordnung, Kontrolle) zerbrochen ist, braucht es Schuldgefühle zunächst als ‚schützende Hülle'. Das passiert häufig, wenn Angehörige nicht beim Verstorbenen waren, weil sie beispielsweise gerade zum Telefonieren hinausgegangen sind. Die Schuldgefühle liefern dann Erklärungen für Unerklärbares und ermöglichen es, Bindungen zum Verstorbenen aufrechtzuerhalten. Das Schuldgefühl hat dann erstmal eine entlastende Funktion. Derjenige, der Schuld in diesem zweiten Fall fühlt muss dann langsam andere Bindungsmöglichkeiten entwickeln (z. B. Dankbarkeit).

Gefühle stellen eine große Ressource dar, die Herausforderung „Altern" zu meistern. Menschen können nicht „nicht fühlen". „Wenn es Leib und Seele gut geht, ist das Überleben gesichert", so habe ich es anfangs beschrieben.

Die Erkenntnisse aus der Hirnforschung belegen, dass der Körper und das Gehirn sich immer wieder neu einstellen, und zwar in Abhängigkeit von den Herausforderungen, die das Leben stellt. Diese Plastizität des Gehirns ist lebenslang gegeben. Also können neue Verschaltungen in jedem Altern durch neues Lernen oder andere positive Erfahrungen initiiert und die alten Autobahnen durch alternative Wege ergänzt werden.

Die erfolgreiche Umsetzung eines Bedürfnisses und die damit verbundenen Gefühle werden neuronal mit einem euphorischen Gefühl belohnt – es verstärkt innere Handlungsimpulse und erschafft Lust, dort anzuknüpfen, wo bereits etwas aus eigener Anstrengung gelungen ist. Eine selbstbestimmte Lösungsfindung als handelndes Subjekt erzeugt Begeisterung und Freude. Freigesetzte Botenstoffe regen den Ausbau der Nervenzellverknüpfungen an, in deren Folge wir immer schneller werden. Der Hirnforscher Gerhard Hüther bezeichnet Begeisterung als ‚Dünger für das Gehirn' (FAZ 2017). Das Lernen erfolgt durch Neugierde – auch in Interaktion mit und Inspiration durch andere, weil sich hier viel mehr Varianten des Erkundens von Möglichkeiten und des Denkens ergeben.

Neugier und Interesse

Der Vorteil des Alterns ist, das man seinen Interessen nachgehen kann, ohne dass etwas Produktives dabei herauskommen muss. Die Neugier ist die Emotion, die diesem Beweggrund vorausgeht und ist biologisch im Menschen angelegt. Menschen, die aktiv ihr Alter leben wollen, müssen Abschied nehmen von „alten Lösungen für neue Probleme". Es geht um ihre Bereitschaft, lebenslang zu lernen, frische Interessen zu verfolgen, Herausforderungen anzunehmen und flexibel und offen für Neues zu sein. Ein Vorteil des Alterns besteht ja darin, dass man nicht mehr so viel muss und mehr darf. Das ist eine große Freiheit, wenn man sie zu nutzen weiß. Auch wenn das Lebensende näher kommt, eröffnen sich neue Perspektiven. Der ältere Mensch ermächtigt sich selbst, den eigenen Hobbies und Vorlieben nachzugehen: das, was jetzt wichtig ist. Und ältere Menschen finden es für sich heraus, womit sie jetzt ihre Zeit füllen wollen. Diese Begeisterung für Neues muss in guter Balance zum Ruhebedürfnis und zu den körperlichen Funktionen stehen.

Die Transaktionsanalytikerin Fanita English spricht von den drei Trieben der *Motivation,* die in unserem Unbewussten wirken und unsere Lebensenergien lenken.

Einer dieser drei „Grazien" ist der *Ausdruckstrieb*. Er führt zur Neugier, zu Forschungsdrang, Begeisterung, Faszination, Kreativität, zu „der kompromisslosen Bereitschaft, eine Sache, um ihrer selbst willen zu tun" (Röhl 2004, S. 25). Wenn dieser „Ausdruckstrieb" zu sehr unterdrückt wird, scheint das Leben freudlos und langweilig. Zuweilen ist es so, dass Menschen etwas ganz Unerwartetes, Verrücktes oder Gefährliches tun.

Der zweite Motivator (oder die zweite „Grazie", wie English sie auch nennt) ist der *Ruhetrieb,* der zum Beispiel dafür sorgt, dass wir schlafen, uns entspannen oder uns für spirituelle Fragestellungen interessieren.

Der dritte Motivator ist der *Überlebenstrieb,* der Menschen dazu bringt, beispielsweise die eigenen Finanzen gut im Blick zu haben, damit man genug Geld zum Leben hat. Der Überlebenstrieb unterstützt uns darin, dass wir dafür sorgen, dass wir für uns und unsere Tätigkeiten Anerkennung bekommen.

Fazit: Menschen mit einer positiven Einstellung zum Leben, die an die Zukunft denken und ihre Energien darauf konzentrieren, haben viel bessere Chancen, ihr junges Alter in ein gesundes und befriedigendes späteres Leben auszudehnen. Dafür muss man etwas tun. Es braucht ein neues Ziel oder „etwas, was einem wieder eine schlaflose Nacht bereitet" (Sheehy 1996, S. 481). Menschen in dieser Lebensphase haben die Wahl, ob sie passiv das Alter auf sich zukommen lassen wollen oder aktiv die Angelegenheit „Alter" selbst in die Hand zu nehmen und sich auf den neuen Lebensabschnitt von 65 Jahren – bis wer weiß wann – einzulassen.

Gerontologen unterscheiden deutlich zwischen dem passiven und dem aktiven Altern. Wer sich für ein erfolgreiches Altern entscheidet, trifft buchstäblich die Entscheidung über eine Laufbahn. Der Job besteht darin, die Lebensenergien zu verändern, um den nächsten Übergang zu schaffen. Das verlangt eine bewusste Entscheidung und viel Selbstdisziplin.

Eine 70-jährige Frau formuliert ihr Alter so: „Es ist ein Alter der Zuversicht. In dem Alter weiß du alles über dich und weißt, wie du mit allen anderen zusammenhängst".

5. Das hohe Alter (80+ Jahre)

„Alt sein ist ja ein herrliches Ding, wenn man
nicht verlernt hat, was anfangen heißt".
Martin Buber

5.1 Kurzinfo: Daten und Fakten

Im hohen alten Alter (6 Prozent der Bevölkerung im Jahr 2020, vgl. Statistisches Bundesamt 2022) nehmen die Ressourcen ab und der Unterstützungsbedarf zu. Es geht um die Wahrung einer möglichen Lebensqualität und Lebenszufriedenheit Das Leben ist noch nicht zu Ende und stellt selbst im hohen Alter Aufgaben an den Menschen. In 2021 lebten gut 23 500 100-Jährige hierzulande, wie das statistische Bundesamt kürzlich mitteilte (Statistisches Bundesamt 2022). Die Gründe dafür sind die verbesserten Lebensumstände, steigender Wohlstand und medizinischer Fortschritt.

Altern bedeutet sowohl „Leben ausschöpfen" als auch „Leben loslassen" (Riedel 2009b, S. 152). Während jedoch das „junge Alter" eher unter dem Zeichen des Ausschöpfens steht, müssen die Menschen im hohen Alter nun das „Loslassen" bewältigen. Dabei geht es darum, nun alte Möglichkeiten zu bewahren und neue Möglichkeiten zu erkennen. Und es bedeutet, sich auf den Tod vorzubereiten.

Nach dem Philosophen Cicero zeichnet sich der alte Mensch durch drei Eigenschaften aus: *dignitas, gravitas, auctoritas,* also durch Würde, einem maßvollen Ernst und ein ehrenvolles Aussehen. Wir wissen mittlerweile, dass es viele weise Alte gibt. Als Weisheit bezeichnet man Expertenwissen in den grundlegenden Fragen des Lebens (Staudinger/Baltes 1996, S. 57–57). Weiser ist eine Person demnach dann, so Baltes und Staudinger, wenn sie bei der Beurteilung von

- Konfliktsituationen mehr Faktenwissen über die besonderen Umstände besitzt,
- mehr Strategiewissen über die Folgen getroffener Entscheidungen hat,
- die individuellen Prioritäten und den Entwicklungsstand berücksichtigt und unter Berücksichtigung kultureller und religiöser Kontexte urteilt,

- die Ungewissheiten des Lebens besser kennt und reflektiert mit ihnen umgeht

Reicht das, um sich auf das Alter zu freuen? Oder ist das Alter eher „Hoffnung mit Trauerflor“, wie der Altersforscher Paul B. Baltes das hohe Alter gerne bezeichnete?

Wenn die hochaltrigen zu ihren Gefühlen befragt wurden, gaben sie an, glücklich und traurig, ärgerlich und freudig zu sein – manchmal auch gleichzeitig. Diese Gleichzeitigkeit der Gefühle kommt häufig bei Hochbetagten vor. Bei jüngeren Menschen passiert das sehr viel seltener fand Carstensen et al. (2011, S. 29) in ihrer „Wohlfühlstudie“ heraus. Die weiteren Forschungsergebnisse belegen, dass die Intensität der Emotionen nicht zurückgeht, und dass alte Menschen sehr viel mehr positive Gefühle als belastende Gefühle erleben. Möglicherweise könnte darin der Grund liegen, dass ältere Menschen sehr viel zuversichtlicher sind und mit Schwierigkeiten gut umgehen können. Ebenso gaben alte Menschen an, dass sie ihre positiven Gefühle gerne bewahren wollten. Mit den Situationen, die die belastenden Gefühle bewirken und damit einen großen Einfluss auf das Wohlbefinden haben, wollten sie sich nur auseinandersetzen, wenn es notwendig ist. Offensichtlich verfügen Hochbetagte noch über genügend Regulationsstrategien und Kapazitätsreserven (Smith/ Baltes 1996, S. 659).

Hier scheint sich zu zeigen, dass Dinge, die im ganzen Lebensverlauf in Konkurrenz zueinander standen, im Alter in friedlicher Co-Existenz zusammenwirken dürfen: Schwarz und Weiß, das Dunkle und das Helle, die guten und die schlechten Erfahrungen, das Abgründige und das Offensichtlich, Licht und Schatten gleichzeitig. Für alte Menschen geht es um die Wahrung von Lebensqualität und Lebenszufriedenheit. Die bewusste Hinwendung zu den positiven Gefühlen hat Einfluss auf das Leben. Das geschieht vornehmlich, wenn alte Menschen an eine glückliche vergangene Situation denken (vgl. Carstensen 2012, S. 5). In einer soziologischen Untersuchung wurden 100-Jährige gefragt: „Wenn Sie auf Ihr Leben zurückblicken, woran erinnern Sie sich dann am deutlichsten – was steht Ihnen noch lebendig vor Augen?“ Wie sich herausstellte, waren es nicht die Erfolge, auch nicht die Misserfolge, sondern es waren die Augenblicke, in denen sie etwas gewagt hatten (Sheehy 1998, S. 492).

Interview mit Prof. Dr. Rainer Wirth

© St. Elisabeth Gruppe

Prof. Dr. Rainer Wirth ist Präsident der Deutschen Gesellschaft für Geriatrie (DGG) und Direktor der Klinik für Altersmedizin und Frührehabilitation am Marien Hospital Herne.

CB: Herr Wirth, was macht ein Geriater?

RW: Ein Geriater betrachtet Patienten ein bisschen anders als andere Fachärzte. Wir versuchen als Erstes den Patienten holistisch, ganzheitlich zu betrachten und auch zu behandeln, das heißt, wir sehen den Patienten in seinem psychosozialen Kontext, auch wenn er primär „nur" zum Beispiel an einer Lungenentzündung erkrankt ist. Wir schauen uns stets den Gesamtkontext an.

Das Zweite, was den geriatrischen Ansatz besonders macht, ist die Tatsache, dass wir nicht nur nach der Lebenszeit schauen, sondern uns auch Gedanken über die Lebensqualität machen. Wir wollen, dass sich Selbstständigkeit und Selbstbestimmtheit des Patienten erhalten. Es gilt, die Selbstständigkeit des Patienten so lange wie möglich zu erhalten. Statt den Fokus nur auf eine Erkrankung zu legen, sehen Geriater die Erkrankung im Kontext der Vielzahl von bereits bestehenden chronischen Erkrankungen und analysieren, wie sich das funktionell auswirkt. Konkret heißt das: Was kann der Patient noch? Welche Fähigkeiten sind bedroht? Und wie können wir diese Fähigkeiten erhalten?

Darüber hinaus betreiben wir „Medizin Plus". Das Plus bedeutet, dass die geriatrischen Patienten intensiv trainiert werden, damit sie ihre Alltagsfunktionen erhalten oder wiedererlangen. Wir schauen uns den Funktionsstatus des Patienten sehr genau mit dem geriatrischen Assessment an. Wir analysieren sehr genau, was der Patient noch kann. Das tun wir unter anderem mit kognitiven Testverfahren bei allen Patienten. So identifizieren wir auch Patienten, die Störungen haben, die man im Alltagsgeschehen nicht so leicht identifizieren kann. Damit können wir ganz anders agieren im Sinne einer präventiven Medizin. Das hört sich bei alten Patienten zwar komisch an, aber in diesem Rahmen helfen die präventiven Ansätze, bestimmte Ereignisse zu verhindern. Zum Beispiel durch ein Gangtraining (für jemand, der unsicher läuft). Wir können es hinbekommen, dass das Sturzrisiko sinkt und eine Fraktur gar nicht erst auftritt.

CB: Ein Schwerpunkt der geriatrischen Medizin ist somit, die Autonomie und die Lebensqualität der alten Menschen zu erhalten. Was macht das Alter für sie als Mediziner so spannend?

RW: Das sind mehrere Punkte. Das eine ist: Wenn man sich mit diesen Patienten und seinen Konstellationen an Erkrankungen und Problemen im Alltag beschäftigt, dann bekommt man sehr schnell das Gefühl, es kümmert sich niemand anderes um diese Patienten. Ich nenne es manchmal „Robin-Hood-Mentalität". Wenn man als Mediziner eine Robin-Hood-Mentalität hat, dann kümmert man sich um psychisch Erkrankte oder um hochbetagte Menschen, also um alle, die ansonsten durch die Maschinerie „Krankenhaus" durchgeschleust werden, ohne wirklich wahrgenommen zu werden. Das andere ist, dass die Altersmedizin, so wie wir sie betreiben, ein breites Fach ist. Es ist etwas für Generalisten. Es ist ein bisschen wie die Allgemeinmedizin im Krankenhaus. Vielleicht ist es noch ein bisschen mehr: Als Internist – ich komme aus der Inneren Medizin – kann ich mich um das Psychosoziale kümmern, ich kann Demenz diagnostizieren, ich kann Parkinson behandeln, ich stehe auch jeden Tag in der Endoskopie und stille Magenblutungen oder betätige mich sonst wie in der Inneren Medizin. Das gibt es sonst leider in der Medizin in keinem Fach mehr. Durch die hohe Spezialisierung ist der Internist heute eher Kardiologe, Gastroenterologe, Rheumatologe. Geriatrie ist die „Breite" der Inneren Medizin „plus" und sie sieht noch ganz andere Dinge: Demenz, Inkontinenz, Frakturen. Das sind all die Dinge, die beim älteren Menschen eine Rolle spielen. Um ein generalistischer Internist und Geriater zu sein, braucht man eine gewisse Neigung, das ist nicht etwas für jedermann. Man muss es ertragen können, dass man sich in vielen Teilbereichen nicht so gut auskennt wie die oben genannten Spezialisten, wenn man eher die Breite überblickt. Und diesen Blick können wir im Alltag sinnbringend für die Patienten einsetzen, wie es sonst nur wenige Spezialisten machen.

CB: Sie sprechen von einer Robin-Hood-Mentalität. Und sie fördern die Kompetenzen von anderen und können auch ihre Kompetenzen erweitern. Ist das auch ein Punkt, der die Altersmedizin für sie so spannend macht?

RW: Ja. Und ich erhalte meine Kompetenzen, die ich irgendwann mal erworben habe. Kompetenzen, die verloren gehen würden, wenn ich mit Ihnen nicht praktizieren würde.

CB: Ist das wie ein paralleler Prozess?

RW: Ja, einmal von der Kompetenzseite betrachtet, aber auch noch von einer anderen Blickrichtung: Ich selbst altere wie jeder andere Mensch auch. Und für mich selbst lerne ich viel über die Dinge, die kommen könnten und zum Teil kommen werden. Und man hat auch ganz bestimmte Möglichkeiten, einzelne präventive Dinge zu überlegen, zu planen oder zu erhalten, die einen vor der einen oder anderen Krankheit im Alter schützen werden.

CB: Da bin ich neugierig: Wie machen Sie das denn? Wie können wir denn von ihnen lernen?

RW: Letztendlich lernen Sie nicht von mir, sondern von den Hochbetagten, von den „guten“ wie auch den „schlechten“ Verläufen. Ein Lernpunkt wäre das hohe Maß an körperlicher Aktivität. Unser Körper hat sich im Laufe der Evolution so entwickelt und ist so gebaut, dass er bis ins hohe Alter aktiv sein will, soll und muss; auch wenn es mit dem Alter etwas mühsamer und der innere Schweinehund größer wird. Man kann es sehr häufig sehen, dass in dem Moment, in dem die körperliche Aktivität eingestellt wird, es mit dem Körper bergab geht. Und das ist natürlich analog auch kognitiv so. Bei der Muskulatur kann man das messen. In dem Moment, an dem sie aufhören zu trainieren, geht es mit der Muskulatur bergab. Es gibt beispielsweise eine klinische Studie bei gesunden Älteren, die ohne Sport ungefähr 6 000 Schritte am Tag gehen. Reduzierten diese Älteren dies auf 1 500 Schritte pro Tag, verlieren sie innerhalb 14 Tage schon 4 Prozent ihrer Beinmuskulatur. Das ist viermal so viel, wie man im Alter in einem ganzen Jahr verliert. Der andere Teil, der zur körperlichen Integrität und zur guten Funktion beiträgt, ist die Ernährung. Nicht zu viel und nicht zu wenig, nicht zu einseitig. Und was wir gerade in den letzten Jahren gelernt haben, ist, dass alte Menschen sich möglichst proteinreich ernähren sollten. Das Protein spielt im Alter eine große Rolle.

Der letzte Lernpunkt betrifft die kognitive und emotionale Gesundheit. Da wissen wir, dass auch Bildung ein Schutzfaktor für Demenz ist. Wir wissen zwar noch nicht warum, doch scheinbar schützt Bildung vor Demenz. Wenn es dann mit der kognitiven Gesundheit im Alter bergab geht, dauert es bei gebildeten Menschen länger, bis sie die Schwelle erreichen, die zu einer Demenzerkrankung führen kann. Es ist aber auch wahrscheinlich, dass Bildung selbst, also die kognitiven Tätigkeiten oder Leistung, wirklich vor einer Demenzerkrankung schützen.

CB: Könnte man „Bildung" auch mit „lebenslangem Lernen" in diesem Zusammenhang ersetzten? Wir wissen mittlerweile viel über die Plastizität des Gehirns.

RW: Es gilt wirklich zu Lernen, also nicht nur Wissen aufzunehmen und zu reproduzieren, sondern neue Zusammenhänge zu erlernen. Man weiß, dass zum Beispiel Musiker eine überdurchschnittlich hohe Lebenserwartung haben, insbesondere jene, die bis ins hohe Alter wirklich musizieren oder gar komponieren. Da kommen zwei Dinge zusammen: Mir fällt als erstes ein Pianist ein, der erbringt eine kognitive Leistung dadurch, dass er unabhängig die linke und die rechte Hand koordinieren muss und dabei noch neue Stücke lernt. Das andere ist die koordinierte motorische Aktivität, denn die ist ja letztendlich auch eine kognitive Leistung. Das sind Verschaltungen in unserem Gehirn, die so aktiviert und immer wieder benutzt werden; ja sich bis ins Alter neuformieren. Das ist Gehirnaktivität. Deshalb scheinen solche Tätigkeiten präventiv besonders gut zu sein.

CB: Dann fängt man am besten damit schon mit 60 Jahren an?

RW: Am besten mit 16 Jahren! Also unser Motto ist: früher an später denken! Aber es ist auf der anderen Seite auch nie zu spät. Wir wissen, dass sogar 90-Jährige Seniorenheimbewohner – wenn sie noch trainieren können – ihre Muskelkraft verbessern können. Also, es ist nie zu spät.

CB: Das stimmt mich hoffnungsvoll, dass man noch eine ganz Menge tun kann. Nach vorausschauender Statistik wird im Jahr 2030 jeder vierte Bewohner Berlins älter als 65 Jahre alt sein. Ist die Medizin darauf vorbereitet?

RW: Die Antwort der Medizin wäre im Prinzip das Fach Geriatrie. Politisch ist aber diese Welle an Alten, die jetzt kommt, überhaupt noch nicht wahrgenommen. Keiner hat bis jetzt richtig reagiert. Jetzt kommt die Generation der Babyboomer, die geburtenstarken Jahrgänge, die nun älter wird. Das ist noch nicht ausreichend antizipiert, es wird in der Medizin andere Systeme brauchen, um diese älteren Menschen richtig zu versorgen. Die WHO hat das schon ausreichend wahrgenommen und entsprechende Grundsatzpapiere veröffentlicht. Im WHO-Report zu „Aging and Health" geht es um angepasste Systeme in der Medizin, die das gesunde Alter stärken könnten. Aber es braucht wie oft viele, viele Jahre, bis dies umgesetzt wird, Jahre, die uns bald fehlen werden. Und manchmal verändern Politiker Systeme erst dann, wenn Krankheitserfahrungen der eigenen Eltern auftreten, wenn Eltern erkrankten und schlechte Erfahrungen im Krankenhaus und anderen Versorgungssystemen machten. Kinder geriatrisch Erkrankter erleben dann, wie es für 80-Jährige in den normalen Krankenhausabteilungen aussieht. Bisweilen überlegen sie, wie es anders gehen könnte, und so lassen sich neue Entwicklungen triggern. Das sind leider oft nur diese persönlichen Erfahrungen, die Politiker antreiben.

CB: Jeder weiß darüber Bescheid und es sind noch keine konkreten Maßnahmen entwickelt worden. Was können denn die „Babyboomer" jetzt tun, um versorgt zu werden?

RW: Jeder kann sich für sich selbst und seinem Umkreis kümmern, sodass jeder selbst lange fit bleibt. Das, was man selbst tut, strahlt auch auf die Umgebung ab. Was nicht hilft ist, schulmeisterlich mit dem erhobenen Zeigefinger daherzukommen. So hat noch nie jemand sein Verhalten geändert. Es braucht das Vormachen. Die Kommunen tun das schon teilweise, indem sie in Parks kleine Fitnessgeräte aufbauen, an denen man trainieren kann. Sie werden vermutlich gar nicht so oft genutzt, aber es ist ein Punkt, in dem man im Alltag an seine eigene Fitness erinnert wird. Die Kommunen kümmern sich um altengerechte Bauweisen in den Städten, damit ältere Menschen nicht separiert werden, sondern am alltäglichen Leben teilhaben können. Die zukünftige Städteplanung sollte nicht mehr das Altenheim an den Rand der Stadt setzen, sondern in die Stadt integrieren, sodass Ältere auch noch ins Café gehen können. Die Bauweise von Seniorenheimen hat sich verändert. Früher gab es ganz viele Zimmer und einen großen Speisesaal, heute macht man das in kleineren – fast familiär anmutenden – Einheiten, sodass man zehn bis zwölf Bewohner zusammenfasst, die einen gemeinsamen Aufenthaltsraum haben und eine gemeinsame Küche usw. Da tut sich in den kleinen Dingen schon eine ganze Menge. Aber es täte not, dass sich die Politik noch prospektiv damit beschäftigt und vielleicht hilft auch das Fach „Geriatrie", weiter zu fördern, dass genau das abbildet. Es ist leider noch nicht so, dass jeder angehende Mediziner „hier" schreit, um sich mit dem Fach Geriatrie zu beschäftigen.

CB: Eine letzte Frage: Würden sie gerne selbst 90 Jahre, 100 Jahre oder älter werden?

RW: Ja, definitiv. Weil ich im Moment erfahre, dass die Zeit, in der beruflichen Ziele erreicht sind, die Familie gesettelt ist, die Kinder erwachsen geworden sind, eine sehr gute Zeit ist. Der Druck ist vorbei, wahnsinnig erfolgreich zu sein, möglichst viel Geld zu verdienen, ein möglichst schönes Haus zu haben oder was auch immer. Dass das eine Lebenszeit ist, die so entspannt sein kann, wie man sie als junger Mensch eigentlich nie hatte. Weil man immer getrieben ist, hinter irgendwas her zu sein, wie zum Beispiel dem beruflichen Erfolg oder anderem. Das erlebe ich als eine sehr sinnerfüllte Zeit und eine sehr schöne Zeit, was natürlich davon abhängt, dass ich heute mit 60 noch relativ fit bin und eigentlich alles machen kann. Und wenn es mir gelingt, davon auch nur die Hälfte oder ein Drittel zu bewahren, dann möchte ich auch gerne 90 oder 100 Jahre alt werden.

CB: Vielen Dank für das Gespräch!

* * *

5.2 Spannungen und Konflikte

Auch wenn alte Menschen auf dem Weg der Ganzheitlichkeit sind, gehören Spannungen zum menschlichen Dasein dazu. Sie haben noch Beziehungen zu dem Partner oder der Partnerin, sind Teil eines sozialen Netzwerkes oder noch Eltern oder Großeltern.

Auch dieses Thema wurde sorgfältig erforscht. Die Wissenschaftler Sorkin und Rook stellten fest, dass Spannungen im höheren Alter gelöst werden, indem der alternde Mensch sich auf sich selbst zurückzieht (Sorkin/Rook 2004, S. 564 f.). Das heißt, dass nicht mehr die Beziehung das wichtigste ist, sondern das eigene Wohlbefinden. Ältere Menschen distanzieren sich vom Konflikt, vermeiden Spannungen und zunehmende Aggressionen und Erregung. Das tun sie, in dem sie sich abwenden, „selbst protektive kognitive Strategien“ (ebd., S. 566) anwenden, die erklären, warum eine Situation ist, wie sie ist. Das führt zu dem Gedanken, dass es nicht primär ihr Fehler ist, wenn es zu einer Spannung kommt. Und wenn doch, war es eine banale und unbedeutende Fehlhandlung. Die Kraft, einen Konflikt auszutragen oder eine Spannung auszuhalten, reicht scheinbar nicht mehr. Der Rückzug auf sich selbst, verbunden mit den positiven Emotionen hilft, diese lebenswichtigen Beziehungen aufrechtzuerhalten. Wenn dies nicht mehr gelingt, ziehen sich die Alten aus diesem Kontakt zurück. Das gleiche gilt für anstehende Herausforderungen. Menschen im höheren Alter verringern ihre aktive Informationssuche zur anstehenden Veränderung (Wilkening/Freund/Martin 2013, S. 165).

Magda, 92 Jahre alt: „Ja, das ist schlimm, was in der Ukraine gerade passiert. Da ist Krieg. Die armen Frauen und Kinder. Ich kann mich aber nicht auch noch damit beschäftigen. Das sollen alle andere tun. Morgen kommt der Pastor, dann gebe ich ihm eine kleine Spende für die Flüchtlinge“.

Von außen mag dieser Umgang mit Spannungen – auch mit politischen Konflikten – nur als Zeichen von mangelndem Interesse wahrgenommen werden. Es kann aber ebenso ein weiser Umgang mit den Erregungen und Aufregungen verstanden werden.

5.3 Trauerarbeit im hohen Alter

Mit zunehmendem Alter werden die gemeinsamen Lebenszeiten älterer Paare immer länger. Die Partner unterstützen sich häufig gegenseitig bei der Bewältigung von Alltagsproblemen und Beeinträchtigungen. Bei erheblichen Belastungen eines Partners hängt auch das eigene Wohlbefinden von dem Gesundheitszustand des anderen Partners ab. Das zeigt sich darin, dass es dem einem Lebenspartner an einem Tag besonders gut geht, an dem der andere erkrankte Partner den Eindruck macht, sich wohlzufühlen, so konnten es Martin und Wight (2008) in ihrer Studie belegen. Eine kritische Strapaze im Alter ist daher der Tod der Partnerin oder des Partners. Nicht nur das Ableben des:der Partner:in ist eine große Beanspruchung. Es fällt auch die wichtigste Ressource der Unterstützung weg.

Menschen in diesem Alter haben schon viele Verluste erlebt. Erstaunlich dabei ist, dass sie ihre Zuversicht oft nicht verlieren. Hält diese positive Emotionalität auch der schmerzvollen Erfahrung der Trauer stand? Oder überwiegt die Freude und Dankbarkeit in dem Verarbeitungsprozess, der nach dem Tod eines geliebten Menschen folgt?

Menschen, die trauern, haben etwas verloren, das ihnen wichtig war, das einen besonderen Wert dargestellt hat oder noch darstellt. In den gemeinsam verbrachten Jahren mit dem:der Partner:in ist eine starke Bindung entstanden.

Abbildung 14: Trauermodell von Waldemar Pisarski (eigene Darstellung)

Das Trauermodell von Waldemar Pisarski drückt diese Situation gut aus (Abbildung 14). Personen, die lang miteinander gelebt haben, sind viele gemeinsame Wege gegangen (hellgrauer Pfeil) und haben viel miteinander geteilt. Aber sie haben auch gestritten – über Kindererziehung, über Urlaub, über Geld (dunkelgrauer Pfeil) – und sie hatten Wünsche aneinander, Sehnsüchte, die teils erfüllt, teils unerfüllt blieben.

Abbildung 15: Trauermodell von Waldemar Pisarski (eigene Darstellung)

Durch den Tod verliert der Mensch nicht nur die:den Lebenspartner:in, sondern auch die Bindungsperson, also den Menschen, mit dem der Zurückgebliebene viele anstrengende Situationen gemeistert hat, der getröstet hat und der durch viele Zeitepochen mit gegangen ist. Die schwierige Erfahrung „Trauer" kann nun nicht mehr geteilt werden.

Alle Verbindungslinien sind nun unterbrochen (Abbildung 15). Pisarski nennt das „das Bluten der Wunde". Die Wunde „Trauer" blutet am Anfang stark und schmerzt. Langsam wird es weniger, manchmal tut es weh. Und es hinterlässt eine Narbe.

Mit dem Gefühl der Trauer, stellen sich auch weitere Gefühle ein: die Angst vor der Zukunft, der Schmerz, niemanden mehr zu haben, der Ärger, dass man nun alles allein bewältigen muss, aber auch die Freude über Erinnerungen. Wenn die Gefühle zugelassen werden, kann der Trauerprozess beginnen und begleitet einen neuen Entwicklungsprozess. Diese Entwicklung dürfen auch Hochbetagte noch lernen. Es geht auf der einen Seite darum, den Verlust zu akzeptieren und sich gleichzeitig auf das neue Leben, ohne einen sehr vertrauten Menschen, einzustellen.

Maria, 89 Jahre alt: „Im letzten Jahr ist mein Mann gestorben. Ich komme nicht darüber weg. Wir haben so viel miteinander erlebt. Die schwierigen Zeiten mit den Kindern. Unsere Reisen. In Südamerika haben wir 20 Jahre gelebt und gearbeitet. Seitdem er tot ist, kann ich keine spanischen Gedichte mehr lesen, dabei habe ich sie immer geliebt. Alles daran erinnert mich an meinen Liebsten".

Maria besucht eine Trauergruppe. Nun liest sie dort spanische Gedichte vor, um langsam wieder einen Weg in die Poesie zu finden.

Dazu kamen ihr Melodien in den Kopf, die sie auf dem Klavier nachgespielt hat. Sie lebt jetzt mit der Musik, der Poesie und der spanischen Sprache in Erinnerung an ihren Mann.

Das Erinnern an die Verstorbenen nimmt bei vielen Hochbetagten einen wichtigen Raum ein. Zum einen, weil vertraute Menschen nicht mehr da sind, zum anderen, weil es auch ein dankbares Zurückblicken auf das Leben sein kann. Carl Gustav Jung (1976) war der Ansicht, dass Menschen sich bis zum Tod entwickeln und reifen können. Ein lebenslanger Entwicklungsprozess, durch den Menschen zu sich selbst finden und dabei verwirklichen, was im Menschen angelegt ist und vielleicht noch nie da gewesen war. Durch die eigene Trauerarbeit geht man weitere Entwicklungsschritte.

Alte Menschen sollten so trauern, wie es ihnen richtig erscheint. Problematisch wird es, wenn sie vereinsamen oder depressiv werden. Viele Hochbetagte leben dann wie in einem „Zwischenreich" (Kast 2021, S. 83), sie sind dann mitgestorben und finden keinen emotionalen Zugang mehr zum „lebenden Menschen".

Was Menschen im Alter zusätzlich einsam macht, sind die vielen verstorbenen Wegbegleitenden. Andere, die noch da sind, sind nicht mehr so „wie früher", weil sie kognitive Einschränkungen haben. Diese emotionale Einsamkeit erfahren die „alten Alten", wenn die Generation, die als „gleich" erlebt wird, weil sie das Gleiche erlebt haben, immer mehr im Verschwinden begriffen ist. Sie stehen nun mit ihren Werten, Weltanschauungen und den Erlebnissen allein da. Die vergleichbaren Lebenserfahrungen und Wahrnehmungen können nicht mehr mit Gleichaltrigen geteilt werden. Die Sprache hat sich verändert sowie die Art und Weise, wie Menschen aufeinander zugehen und kommunizieren. Der Wunsch nach anregendem Austausch mit anderen bleibt bis ins hohe Alter erhalten. Diese emotionale Einsamkeit wird von Hochbetagten oftmals beklagt und erfährt eine leichte Milderung, wenn es noch Beziehungen zu jüngeren Menschen gibt.

Menschen, die sich in diesem Trauerprozess befinden und die Einsamkeit spüren, haben eine Aufgabe: Sie müssen eine neue Bindung zu anderen Personen eingehen, wenn sie mit äußeren und inneren Problemen nicht mehr allein klarkommen (Smith/Baltes 1999, S. 238). Das können die Enkel, die Nachbarn oder ehrenamtliche Begleitende sein.

Rosa, 92 Jahre alt: „Ich kann nicht mehr so gut sehen, aber ich mag unseren Park so gerne. Einmal im Monat kommt ein junges Mädchen von der Schule nebenan. Sie hakt mich unter und beschreibt mir die Blumen und die Tiere. Das macht mir Spaß und ihr auch. Sie sagt immer, dass sie durch die Beschreibung lernt, sich besser auszudrücken. Das ist ihrem Deutschlehrer auch schon aufgefallen. Ich erzähle ihr dann von meinen Leben früher auf dem Bauernhof und von meinem Lehrer und von meinen Freundinnen".

Mit der Erinnerung an den Bauernhof, auf dem Rosa aufgewachsen ist, taucht sie ein in ein Leben, das schon lange vergangen ist. Sie sieht ihre Schwestern, die Tiere und die Rapsfelder. In ihrer Erinnerung kann sie sogar das Zuckerbrot schmecken, dass sie von ihrer Oma am Nachmittag bekommen hat.

Zurückschauen und nach vorne schauen, das ist wohl die Kunst im hohen Alter. Hilfreich dabei ist das Konzept des Lebensrückblicks. Wir erzählen oft Geschichten aus unserem Leben. Sie machen unsere Identität aus. Diese Geschichten sind nicht immer nur schön, sie zeigen auch das Schwierige und das, was versäumt wurde oder was man zu einem früheren Zeitpunkt nicht gekonnt hat.

„Erinnern und Erzählen, Lebensrückblick und biografisches Nachdenken sind Schlüsselfunktionen im Prozess der produktiven Trauerarbeit, der Integration und des Neubeginns, den die Entwicklungsphase Alter fordert" (Wilkening/Martin/Freund 2013, S. 169). Das Erzählen zeigt, was ein gutes Leben für den Einzelnen ist. Ganz unabhängig von dem, was als altersgemäß und normativ erwartet wird.

Der alternde Mensch hat durch das „biografische Erzählen" die Möglichkeit, sich seinen bisherigen Lebenslauf zu vergegenwärtigen. Wenn er sich diese Überlegungen und Empfindungen zu eigen macht, verleiht er seinem Leben Sinn. Auch im früheren Alter ist das schon möglich. Der Mensch kann sein Leben zu einem Ganzen abrunden und einzelne Punkte angehen, die noch Kummer und schlaflose Nächte bereiten – eine Verletzung, eine Schuld oder eine Versöhnung.

Wenn die Geschichten aus dem Leben erzählt werden, wird nicht nur die Vergangenheit lebendig, sondern auch der Erzählende. Es finden dann immer wieder Situationen des Lebensrückblicks statt, die nach und nach eine Schau auf das ganze Leben ermöglichen und das Leben abrunden. Das entspricht auch der Idee von Erikson (1988, S. 78 ff.), dass im höheren Alter verschiedene Lebenserfahrungen in der Erinnerung integriert und auch bewertet werden, sodass das eigene Leben mit den Höhen und Tiefen akzeptiert werden kann. In vielen Alten- und Pflegeheimen gehört die Therapie des Lebensrückblicks und die Biografiearbeit zu den festen Bestandteilen im Wohnalltag. Dabei ist das reine informieren nicht der Gewinn dabei. Der Unterschied besteht in dem Nachfühlen der Emotionen. Die Vergangenheit wird entsprechend der aktuellen emotionalen Situation erinnert. Dabei ist es gleichzeitig wichtig, auch von dem Gelingen zu erzählen, das in dieser Zeit auch stattgefunden haben kann.

Hubert, 92 Jahre alt: „Als ich damals den Bescheid bekommen habe, dass ich in den Krieg ziehen sollte, war ich verzweifelt. Ich war doch noch jung, wollte was erleben. Ich wollte die jungen Mädchen zum Tanz ausführen, wollte Schabernack mit meinen Freunden betreiben. Aber Krieg? Da hatte ich Angst. Ich bin also raus, auf unseren Hof und bin vom Apfelbaum gesprungen. Beide Beine habe ich mir gebrochen. Ich musste dann nicht kämpfen. Aber alle meine Freunde ... sie sind erschossen worden."

Hubert fühlt eine tiefe Traurigkeit und eine Scham, dass er seine Freunde im Stich gelassen hat und ein „Feigling“ war. Durch das Zuhören und Mitfühlen fühlt er sich geschützt. Er weint noch eine kleine Weile. Als ich ihm sage, dass er sich für das Leben entschieden hat und das auf einem ungewöhnlichen Weg, lächelt er und antwortet verschmitzt: „Ja, ich habe eigentlich immer ungewöhnliche Wege genommen. Das war gut.“

Es geht bei dem Lebensrückblick um das Erzählen des eigenen Lebens vor einem anderen Menschen wie vor einem Zeugen. Durch das empathische Zuhören von Anderen kann die Geschichte emotionaler erzählt werden. Dadurch werden auch die Emotionen verändert, wie es auch die Narrationsforschung bestätigt. Das, was früher als schrecklich empfunden wurde, was Angst ausgelöst hat oder wo man Scham empfunden hat – dieses „alte“ Empfinden bekommt neue Aspekte. Alte Menschen lassen sich gern von ihren Zuhörer:innen bestätigen, dass eine bestimmte Erfahrung wichtig war und dass sie sich in der beschriebenen Situation sehr richtig verhalten haben. Diese Erfahrung, dass eine anstrengende Lebenszeit bewältigt wurde, kann Mut für die letzte Lebensphase machen.

Die Zukunftsperspektive des alten Menschen verkürzt sich, während die Vergangenheitsperspektive sich verlängert. Damit sind die Erinnerungsstücke – gute wie schlechte – größer als die zukünftige Perspektive. Die Erinnerung daran hat etwas sehr Wertvolles an sich. Das, was man gelebt hat, beginnt erneut zu strahlen. Alles, was erlebt wurde, und damit sind auch die Belastungen gemeint, die es in jeder Kindheit gab, können nun in der Gegenwart integriert werden. Erik H. Erikson sprach der Fähigkeit zur Integration eine überaus wichtige Funktion beim alten Menschen zu. Es ist die Bereitschaft, auch den Lebensüberdruss zu begrenzen. Es geht eben darum, die glücklichen Aspekte stärker zu betonen als die negativen Momente. Diese negativen Momente oder auch die Verluste im Leben schmerzen. Aber im Alter gibt es obendrein das starke und gesunde Bedürfnis nach einer inneren Versöhnung mit dem eigenen Leben (Riedel 2015b, S. 124). Die dunklen Momente sollten bei der Erzählung stehen bleiben. Die Aufgabe ist es, eine Waage herzustellen: diesen Momenten etwas entgegenzusetzen, das im Leben hell und freudig war. Diese beiden Pole machen die Spannung des Lebens aus.

Befinden sich alternde Menschen in einem Trauerprozess, verbindet sich der Kummer um den verstorbenen Menschen mit der Trauer um das eigene, zu Ende gehende Leben und mündet oft mit dem Anfreunden des eigenen Todes.

5.4 Der Tod als Übergang

Wie eine Gebrauchsanweisung für das Jenseits lesen sich die vielen Jahrtausende alten Schriften der Ägypter – eine dichte Sammlung magischer Sprüche, die beim „Heraustreten des Lichts" nach dem Sterben helfen sollen. Auch das tibetische Totenbuch der Buddhisten gibt rituelle Anweisungen, was ein Lebender dem bereits Verstorbenen ins Ohr zu flüstern hat. In allen Glaubensrichtungen bleiben der Gedanke über Transzendenz und die Sehnsucht nach einer Welt wirksam, die über das Diesseits hinausreicht. „Und ich sah einen neuen Himmel und eine neue Erde", heißt es in der Offenbarung des Johannes, Kapitel 21 Vers 7.

Der Tod wird in allen Religionen und Kulturen als Übergang bezeichnet. Die Jenseitsvorstellung bedient die tiefe Sehnsucht des Menschen nach Sicherheit auch über den Tod hinaus. Mittlerweile fokussiert sich die Erforschung menschlichen Lebens immer mehr auf das Gehirn und das Nervensystem. Seit längerer Zeit interessiert dieses Phänomen aber auch die Quantenphysik, und es gibt da mittlerweile spannende Forschungsergebnisse. Passend dazu hat der Physiker Hans-Peter Dürr, ehemaliger Leiter des Max-Planck-Instituts für Physik in München, folgendes gesagt:

„Was wir Diesseits nennen, ist im Grunde die Schlacke, die Materie, also das was greifbar ist. Das Jenseits ist alles Übrige, die umfassende Wirklichkeit, das viel Größere. Das, worin das Diesseits eingebettet ist. Insofern ist auch unser gegenwärtiges Leben bereits vom Jenseits umfangen. Wenn ich mir also vorstelle, dass ich während meines diesseitigen Lebens nicht nur meine eigene kleine Festplatte beschrieben habe, sondern immer auch etwas in diesen geistigen Quantenfeldern abgespeichert habe, gewissermaßen im großen Internet der Wirklichkeit, dann geht dies ja mit meinem körperlichen Tod nicht verloren. In jedem Gespräch, das ich mit Menschen führe, werde ich zugleich Teil eines größeren geistigen Ganzen. In dem Maße, wie ich immer auch ein Du war, bin ich, wie alles andere auch, unsterblich" (vgl. Behrens 2015, S. 86).

Wenn man es so betrachtet, geht die Seele eigentlich nach dem Tod dorthin zurück, wo sie sowieso schon immer war. Das erscheint fast paradox. Spirituelle Meister und Mystiker haben es schon immer gewusst. Das sind die Erfahrungen, die sie während des Meditierens haben. Sie erfahren dabei, dass das „Ich" nicht unser wahrhaftes Leben ist, sondern eine Illusion. Untergeordnet unter das große Ganze (Behrens 2015, S. 86). Es ist eine religiöse, ferne Deutung des Jenseits.

Niemand weiß, was „danach" passiert, aber Menschen können lernen, sich auf das eigene Erleben zu verlassen. Dazu braucht es Vertrauen. Ein Vertrauen, auf das Sterbende in ihrer Angst zurückgreifen können.

Pflegekräfte und Mediziner, die Menschen im Sterben begleitet haben, wissen um die Angst der Sterbenden. „Man kann medikamentös viel gegen die Unruhe machen, aber wenig gegen die existentielle Angst", so die Aussage vieler Palliativmediziner. Viele Patienten lehnen auch Medikamente gegen die Angst ab, suchen aber das Gespräch und fühlen sich besser, wenn jemand bei ihnen ist. Wie groß diese Angst vor dem Übergang ist, können Lebende nicht erfassen.

Sich dem Tod anzuvertrauen, ist wohl die letzte Form der Hingabe. Etwas, das mit nichts vergleichbar ist im Leben. In vielen indigenen Völkern ist es eine Tradition, dass kleine Kinder schon ihren „Totengesang" lernen. Viele Jahre lang singen sie ihn immer wieder, sodass sie eins werden damit. Sie sind so vertraut mit „ihrer" Melodie, dass sie hoffen und vertrauen, dass ihnen in der Zeit ihres Sterbens und auch im Moment des Todes dieses Lied Kraft und Zuversicht gibt. Vertrauen zu haben ist nicht nur im Sterben eine wichtige Ressource, sie gibt auch Kraft für das Leben. Viele alte Patienten, die im Krieg waren, sprachen darüber, dass sie ein bestimmtes Lied gesummt haben, als die Bomben fielen oder einen Psalm leise beteten. Das gab ihnen Kraft und nahm ihnen ein kleines bisschen von der Angst.

Neue Situationen erfordern Vertrauen in die verbleibende Kraft. Es gibt keine Gebrauchsanweisung für solch eine Situation, aber vielleicht das Vertrauen in die eigene Kraft und das Wissen, das vieles in der Vergangenheit auch schon bewältigt wurde.

Das Vertrauen in den Prozess des Sterbens und in das, was wir als Tod bezeichnen, ist sicherlich für alle Menschen die größte Herausforderung. Schließlich weiß jeder, dass wir von einem Irdischen in einen anderen Daseinsbereich überwechseln. Der ist unbekannt. Menschen, die an einen Gott glauben, fällt es oftmals leichter – ihr Glaube hilft zu vertrauen.

Interview mit Silke Oetjen

© Andreas Schmidt-Wiethoff

Silke Oetjen, Palliative Care Fachkraft, Krankenschwester, Leiterin des Hospiz Sinus in Hamburg.

CB: Wann wird ein Mensch in ein Hospiz aufgenommen?

SO: Patienten werden in einem Hospiz aufgenommen, wenn sie eine Erkrankung haben, für die es keine Therapie mehr gibt. Das heißt, wenn einzuschätzen ist, dass die verbleibende Lebenszeit nur noch wenige Wochen oder Monate ist. Es gibt noch Rahmenbedingung nach § 39a Abs. 1 Satz 4 SGB V. Dort wird sehr genau beschreiben, welche Erkrankungen das sind: zum Beispiel Krebserkrankungen, kardiologische und neurologische Erkrankungen. Und dann gibt es noch Ausnahmen, die man sich aber speziell anschauen muss.

CB: Wir haben in Deutschland also klare rechtliche Bestimmungen für die Aufnahme im Hospiz. Wer einfach nur gut versorgt und begleitet sterben möchte, wird nicht einfach aufgenommen?

SO: Diese Diskussion haben wir häufig. Die Krankenkassen gehen davon aus, das alte Menschen in einem Pflegeheim sterben können. Es gibt aber viele Menschen, die immer allein zu Hause gelebt haben. Möglicherweise haben sie niemanden, der:die sie dann im Sterbeprozess begleitet. Warum sollen diese Personen für den Sterbeprozess in ein Pflegeheim gehen? Das ist eine Grauzone in unserem Arbeitsbereich und daraus ergeben sich immer wieder schwierige Situationen. Wenn die

Menschen Glück haben, gibt es eine Erkrankung, die nach den genannten Bedingungen auch zum Tode führen kann. Der Arzt muss den Aufenthalt in einem Hospiz befürworten und bescheinigen, dass dieser Mensch an dieser Krankheit versterben kann.

CB: Die Rechtsprechung dazu ist also klar und sie versuchen in Kooperation mit den Ärzten das Beste für die Menschen zu tun, die nicht mehr lange leben.

SO: Ja, es muss immer eine schriftliche, ärztliche Befürwortung geben. Nur mit dieser Bescheinigung dürfen wir Patienten aufnehmen. Aus meiner Erfahrung heraus würde ich es begrüßen, wenn diese Grauzone der Aufnahme auch politisch noch weiter diskutiert wird.

CB: Sie haben schon viele Menschen gesehen und begleitet. Was bereuen Menschen, die sterben, am allermeisten in ihrem Leben?

SO: Wenn sie das Gefühl haben, nicht richtig gelebt zu haben. Das definiert jede:r anders: manche Gäste[7] sagen, dass sie es bereuen, keine gute Beziehung gelebt zu haben. Sowohl partnerschaftlich als auch zu Kindern oder Freunden. Diese Aussage hören wir sehr, sehr häufig. Wenn es noch offene Konflikte mit anderen Menschen gibt. Bei den jüngeren Patienten – also diejenigen, die sich in der Lebensmitte befinden – gibt es häufiger noch mehr Konflikte als im alten Alter, die noch nicht bearbeitet wurden.

Ein zweiter Punkt ist, wenn die Sterbenden ihre Träume nicht gelebt haben: wenn sie vielleicht etwas getan haben, was sie gar nicht wollten. Entscheidungen getroffen haben, die nicht ihre eigenen waren. Träume nicht ausgelebt haben: diese eine Reise, dieser eine Beruf, diesen einen Partner, den man damals unbedingt haben wollte.

CB: Wird das einem Menschen erst beim Sterben so richtig bewusst? Oder denken Menschen darüber auch schon früher nach?

SO: Das ist eine schwierige Frage. Ich will es mal aus meiner Teamerfahrung beantworten: Wir reden viel in der Einrichtung über das Sterben. Über Wünsche und Träume von Sterbenden. Über das Bedauern. Dadurch wird es mir und auch den Mitarbeiter:innen sehr bewusst, dass man beim Leben das Sterben im Blick behal-

7 Hospize sind Gasteinrichtung, daher heißen die „Patienten“ dort Gäste.

ten sollte. Erstaunlicherweise leben wir aber weiter unser Leben so, wie es auch die Sterbenden zuvor getan haben. Die Erkenntnis, die wir tagtäglich mitbekommen, hat scheinbar keinen Einfluss auf unsere Lebensführung. Das führt mich zu der Überzeugung, dass Menschen erst bedauern, wenn sie realisieren, dass ihre Zeit begrenzt ist. Vielleicht nur noch ein paar Wochen vom Leben verbleiben. Das macht sich als erstes im Körper bemerkbar. Dann haben die Gäste das Gefühl, das sie nicht mehr unendlich viel Zeit haben.

CB: Gibt es da einen Unterschied zwischen Menschen in der Lebensmitte und dem hohen Alter?

SO: Doch ja. Menschen, die alt sind, sagen sich oft „ich habe das ja alles gehabt“; „ich kann darauf zurückblicken“; „ich habe etwas hinterlassen“. So etwas gibt es schon. Es ist ein Unterschied ob jemand mit 90 Jahren verstirbt oder jemand mit 40 Jahren.

CB: Was hilft denn Menschen auch in der Lebensmitte, vom Leben loszulassen?

SO: Dankbarkeit. Dankbar auf sein Leben zurückblicken zu können. Das macht es aus! Zu wissen, das nichts mehr offen ist. Und wenn etwas offen ist, dann vielleicht nicht ganz so etwas Schlimmes. Und Zuversicht. Viele Menschen sprechen noch von ihrem Glauben. Das macht sie zuversichtlich und gibt ihnen Kraft.

CB: Was passiert körperlich im Sterbeprozess?

SO: Das Hunger- und Durstgefühl lässt nach, daraus kann es zu einem trockenen Mundgefühl kommen. Zudem reduziert sich der Stoffwechsel, die Atmung verändert sich und die Körperfunktionen nehmen ab. Wir erleben oft eine Veränderung des Bewusstseins. Einige Menschen sind nicht ansprechbar und schlafen, andere wiederum befinden sich in einem Zustand zwischen Traum und Realität.

CB: Warum leiten Sie ein Hospiz? Was ist für Sie interessant an dieser Arbeit?

SO: Weil ich gemerkt habe, das es keinen anderen Ort gibt, an dem ich so nahe an jemanden dran bin, wie in einer sterbenden Situation. Mit fast jedem Gast haben ich und meine Mitarbeiter:innen eine ganz besondere intensive Begegnung. Nirgendwo anders im Leben findet diese pure Begegnung statt. Ich glaube das ist die höchste Form der Intimität. Das erlebt man nicht an anderen Orten.

CB: Ist denn der Tod immer friedvoll?

SO: Nein, es gibt ja auch viele Krisen. Eben durch die Dinge, die Sterbenden noch nicht bearbeitet haben.

CB: Was wünschen Sie sich für ihr eigenes Sterben?

SO: Meine Vorstellung: Ich bin ganz alt. Ein alter Mensch um die 100 Jahre und bin ganz behütet und im Idealfall begleitet von Menschen, die ich gerne habe und liebe. Es kann in einem Hospiz oder in einem Pflegeheim sein, es muss nicht zu Hause sein. Der wichtigste Punkt ist, dass ich mich ernst genommen fühle und behütet bin.

CB: Vielen Dank für das Gespräch.

* * *

5.5 Bezogene Autonomie am Lebensende

Der Mensch wird nicht als Einzelperson gedacht, sondern stets in Bezug zum Anderen und damit als soziales Wesen definiert. „Der Mensch wird am *Du* zum *Ich*", formulierte Martin Buber (1928, S. 3) in seinem kleinen und sehr feinen Büchlein „Ich und Du". Diesen Bezug verliert er auch nicht im Sterben. Es ist eine zutiefst gesellschaftliche Aufgabe, den Kontakt nicht abbrechen zu lassen, sondern Sterbenden eine andere Form des Kontaktes anzubieten, damit sie an dieser letzten und schwersten Herausforderung des Lebens wachsen können und auch dann noch neue Erfahrungen sammeln dürfen – und auch die Begleitenden, das ist die Aufgabe einer gelungenen Sterbebegleitung.

Die Transaktionsanalyse bietet ein Modell dazu. Das Konzept der Autonomie. Autonomie wird hier gedacht als selbstbestimmte Verbundenheit zu sich selbst und zu der Welt. Eine autonome Person ist eine primär eigenverantwortliche Person und zeichnet sich durch drei Fähigkeiten aus.

Die Fähigkeit einer wachen Bewusstheit: Wer diese wache Bewusstheit hat, ist in Kontakt mit seinen eigenen Körperempfindungen und mit äußeren Dingen: „Bewusstheit ist die Fähigkeit, auf unverwechselbar eigene Art eine Kaffeekanne zu sehen und die Vögel singen zu hören und nicht so, wie es einem beigebracht wurde“ (Berne 1972, S. 244 ff.). Bewusstheit zeichnet sich also durch eine sinnliche Offenheit für Wahrnehmungen im Hier und Jetzt aus und ist nicht gefärbt durch frühere Erfahrungen. Eine ungehemmte Intensität unserer Empfindungen und Gefühle ohne die Bewertung „schlecht oder gut“.

Eine Person, die über diese Bewusstheit – oder man könnte auch sagen: der achtsamen Haltung – verfügt, sieht die vielfältigen, im jeweiligen Augenblick gegebenen Möglichkeiten, das Leben sinn- und zugleich genussvoll allein und mit anderen zu gestalten. Der Begriff, der mit dieser Haltung korrespondiert, ist der Begriff der Lebensqualität.

Frau M., 78 Jahre alt, ist vor vier Jahren in einem Hamburger Hospiz gestorben. Sie hatte ALS. Das ist eine schwere Muskelerkrankung, die langsam und quälend den ganzen Körper lähmt, bis auch die Lunge betroffen ist und der Mensch erstickt. Frau M. wusste darum. „Wissen Sie, was das Highlight meines Tages ist?“, fragte sie mich. Ich war neugierig, kannte ich sie doch als gelähmte Frau, der das Sprechen zunehmend schwerer viel. „Mittags bekomme ich immer einen Tropfen Salatsoße auf die Zunge“. Da freue ich mich den ganzen Abend und den Morgen schon drauf. Frau M. konnte ihrem Leben damit einen Sinn abgewinnen.

Wache Bewusstheit (Behrens 2015, S. 98) heißt, das Leben sinnvoll und zugleich genussvoll allein und mit anderen zu gestalten. Einen Sinn zu erleben und damit Spiritualität zu entdecken. In wacher Bewusstheit und hoher Intensität das Leben der anderen neugierig zu betrachten und zu bewerten, kann auch bei dem Begleiter zu ganz neuen Impulsen führen.

Die Fähigkeit zur Spontanität: Diese Fähigkeit meint den lebendigen und unmittelbaren Selbstausdruck. Der spontane Mensch reagiert auf die Welt direkt, ohne Teile der Realität auszublenden (Schlegel 2007, S. 160). Das heißt, der Mensch reagiert flexibel und nicht musterhaft auf etwas. Spontanität definiert sich nicht zuallererst über die einengenden und hemmenden Grenzen, so wie wir es aus unserem „normalem“ Sprachgebrauch kennen.

Spontanität findet im transaktionsanalytischen Zusammenhang auch im Dialog statt. Es bedeutet, die Freiheit zu haben, als *jemand* zu leben und damit die Umwelt auf seine eigene Art und Weise zu be- und erleben. Vielleicht lässt sich das am besten übersetzen mit der eigenen „Würde“. Der Züricher Theologe Robert Leuenberger hat gesagt: „Die inhumane Behandlung eines Sterbenden beginnt in Wahrheit weder damit, dass sein Leben künstlich verlängert wird, noch erhält ein Sterbender den Todesstoß dadurch, dass man ihm die Zufuhr wichtiger Stoffe verweigert. Beides geschieht aber da, wo dem Kranken – vielleicht Monate vor der Sterbestunde – die innere Gemeinschaft entzogen wird“ (Leutenberger 1973, S. 178).

Den Sterbenden allein zu lassen, ihn nicht mehr zu sehen und ihn nicht mehr als lebendigen Menschen wahrzunehmen – das ist inhumanes Sterben und das Schicksal vieler hochbetagten Menschen im Altenheim, das Schicksal vieler Patienten im Krankenhaus, auch schon vor der Pandemie. Einen Menschen darin erlaubnisgebend zu unterstützen, neue Wege am Ende des Lebens zu gehen, den eigenen Wert und die Würde zu erkennen und ein letztes Mal oder ein erstes Mal ein *jemand* zu werden, trägt zu einer gelungenen Sterbebegleitung bei.

Frau B., 90 Jahre alt: Als ich die bettlägerige Frau B. besuche, ist sie ganz still. Als ich sie frage, ob sie ihre Gedanken mitteilen möchte, lächelt sie und sagt: „Ja, ich muss das jemanden sagen!“ „Wissen Sie mein ganzes Leben habe ich mich um meinen Mann, um die Kinder, Nachbarn, Eltern und so weiter gekümmert. Ich habe nur funktioniert. Ob es schlecht oder gut war, weiß ich nicht. Ich habe nicht darüber nachgedacht. Ich habe auch nichts gefühlt. Eigentlich gab es mich gar nicht. Und jetzt, wo ich sterbe, werde ich zum Menschen. Ich weiß, dass meine Familie traurig ist. Ich bin es nicht. Jetzt geht es um mich und um niemanden anderen. Vor dem Sterben zum Leben. Und es gibt noch etwas: Ich genieße die Traurigkeit der anderen, das macht mich lebendig. Ich spüre meine Lebendigkeit, obwohl meinen Körper die Metastasen beherrschen. Trotzdem fühlt es sich gut an. Hoffentlich habe ich noch eine kleine Weile, bis der Herrgott mich holt“.

Frau B. konnte ihr Muster hinter sich lassen und flexibel auf ihre Krankheit reagieren. Sie hat nicht nur funktioniert und alles Fühlen ausgeschaltet – das war das frühere Muster. Die Bewusstheit über das eigene Sterben hat ihr erlaubt, sich selbst zu fühlen. Sie hat flexibel und unmittelbar auf das Ende des Lebens reagiert. Und sie hat sich eine neue Denkweise gegönnt: Lebendigkeit zu spüren, ohne die Angst, dass andere sie dafür bewerten.

Die Fähigkeit zur Intimität: Intimität kennzeichnet den emotionalen Gehalt einer vorbehaltlos aufrichtigen Begegnung. Das heißt, dass sich Menschen ihre Gefühle und Wünsche offen mitteilen. Die ausgedrückten Gefühle sind echt – verborgene Motive oder psychologische Spiele gibt es nicht.

Psychologische Spiele beschreiben eine manipulative Kommunikation. In der unbewussten Bestrebungen, andere Menschen zu spezifischen Einstellungen und Verhaltensweisen zu bewegen, generiert man einen Nutzen. Meistens um sich vor einer Situation zu schützen, die man bewusst meidet. Alle Beteiligten an diesem psychologischen Spiel gehen mit unguten Gefühlen aus dieser Kommunikation hinaus. Die derzeit bekannteste Art ein Spiel zu beschreiben ist wohl das Dramadreieck, mit den drei Rollen: Täter, Verfolger und Opfer (vgl. Kap. 6.4).

Intimität kennzeichnet nach Eric Berne die Beziehung zwischen zwei Menschen, die von jeder Art von Eigennutz frei ist und mit der nichts erreicht werden soll. Es ist die „beglückendste Form mitmenschlichen Umgangs, nach der im Grunde genommen jeder Sehnsucht habe, sie sich aber selten erfülle" (Schlegel 2007, S. 160).

Ältere Dame, 82 Jahre alt: Einen wahrhaft intimen Moment und auch eine der schönsten Begleitung, die ich hatte, war die mit einer älteren, blinden Dame. Ich mochte sie sehr. Am Ende ihres Lebens saß ich am Vormittag an ihrem Bett, wir sprachen und wir schwiegen. Irgendwann legte ich ihr einen kleinen Kupferengel in die Hand. Sie nahm den Engel und fasste ihn an beiden Flügeln an und führte ihn zum Mund und sagte: „Da kommt ja gar nix raus ..." Sie hatte ihn mit einer Schnabeltasse verwechselt. Ich war so perplex, dass ich wirklich lachen musste, weil es so witzig war. Sie stimmte mit ein und wir lachten Tränen. Zum Schluss sagte sie mir, dass das schön ist, am Ende des Lebens nochmal so herzhaft zu lachen. Und dann weinten wir Tränen.

Autonomie als transaktionsanalytischer Begriff ist weit mehr als ein Gesetz, das man selbst erlassen hat und Unabhängigkeit von anderen bewirkt. Autonom zu sein bedeutet, selbstbestimmt zu handeln – bewusst wahrzunehmen, Vertrauen in sich und andere zu haben und solide und vernünftige Entscheidungen zu treffen, um das eigene Potenzial an inneren und äußeren Möglichkeiten auszuschöpfen. Das hört im Sterben nicht auf. Autonomie heißt nicht Freiheit *von* etwas, sondern Freiheit *für* etwas. Wenn ein Mensch die drei Fähigkeiten Bewusstheit, Spontanität und Intimität nutzt oder zurückerlangt, gibt es auch im Sterben noch viel zu entdecken. Auf beiden Seiten!

In diesem Kontext ist auch der von Berne eingeführte Begriff der „Physis" (Körperenergie/innewohnende Wachstumskraft) relevant. Wo bleibt diese Wachstumsenergie am Lebensende? Nimmt sie ab? Die körperliche Energie beim Schwerstkranken in der Finalphase nimmt natürlich ab – auch bisweilen die Abkehr von der eigenen Körperlichkeit bis hin zu oftmals beschriebenen Körperbildstörungen (Behrens 2014, S. 283)

Dies muss aber nicht auf Kosten der Lebensqualität gehen, wie Studien von Gian Domenico Borasio (Borasio/Biechele/Frör 2005) (Uni München) zeigen: In der letzten Lebensphase kann die Lebenszufriedenheit trotz schwerer Krankheit sogar noch zunehmen. Das geschieht durch neue Gewichtungen in den als relevant erleben Lebensfeldern wie „Familienzusammenhalt" und „Spiritualität". Es scheint Wachstumskräfte im Menschen zu geben, die von einer Körperschwächung nicht unbedingt beeinflusst werden. Die Wachstumsenergie scheint bis an das Lebensende vorhanden zu sein.

Oft kommt es auch vor, dass Patienten nicht mehr sprechen können oder wollen. Die Emotionalität und das Sprechen finden dann über Imaginationen statt: Bilder, Metaphern oder Allegorien statt (Bilder des Todes: der Sensenmann, der große schwarze Vogel, die grüne Wiese etc., „eine warme, weiche Frau hat mich geholt"). Bei Finalpatienten, die unter hohen Dosen schmerzlindernden Medikamenten stehen, drückt sich diese Ebene auch oft über körperliche Reaktionen aus (z. B. das leise Summen, noch einmal die Füße auf den Boden stellen, kämpfen, um an ein Fenster zu kommen und hinauszublicken).

5.6 Lebenslanges Lernen bis zum Schluss

In der Zeit des Sterbens gibt es noch einige Entwicklungsmöglichkeiten, die unter der Kontrolle der sterbenden Person stehen. Zu diesem Schluss kommen viele Theorieansätze aus der Sterbeforschung. Die Forscher:innen gehen davon aus, dass Menschen „gut" sterben, wenn sie sich mit dem Tod auseinandersetzen und aktiv versuchen, positive Gegengewichte, etwas im Sinne der erlebten Kontrolle oder Auswahl der sozialen Interaktionspartner, zu setzen. Und für die nicht kontrollierbaren Aspekte Einbettungen in sinnhafte Zusammenhänge zu finden. Wer es schafft, sich mit dem eigenen Leben noch eingehender auseinanderzusetzen, ist motiviert von der Hoffnung, das Leben abrunden zu können. Erfahrungen, die nicht akzeptiert werden konnten, noch zu akzeptieren, die ausstehenden Geschäfte noch zu Ende bringen. Sich im hohen Alter mit sich selbst zu beschäftigen, bewirkt Freude und tiefes Einverständnis mit sich selbst, und ist meines Erachtens besser möglich als zu früheren Zeiten des Lebens.

Das Gefühl für die Endlichkeit des Daseins macht wertschätzender für das eigene Leben – und auch versöhnlicher. Die Kunst des Lebens ist es, das eigene Leben mit einer stimmigen Bedeutung zu füllen. Diese Bedeutung gibt auch anderen etwas. Für sterbende Menschen ist es schön zu wissen, dass sie auch noch im und nach ihrem Tod einen Platz bei den Menschen hatten, die wichtig für sie waren. Auf dieser inneren Ebene anderer Menschen bleibt man lebendig, auch über die eigene Lebenszeit hinaus.

„Mir persönlich ist diese Erkenntnis sehr, sehr wichtig. Der ganze Klimbim, der um unsere Sterblichkeit gemacht wird, erscheint mir nicht angemessen. Für mich zählt, sich als Wesen der Natur, der Schöpfung wahrzunehmen und dem in einer gewissen Demut zuzustimmen (…) Ich denke, man sollte auf nichts verzichten, was sich einem schenkt, ohne dass dabei einem anderen etwas weggenommen würde, und man sollte sich auch nicht asketisch verbiegen, denn man hat nur dieses eine Leben" (Riedel 2015b, S. 184).

Dieses eine Leben bringt Spannungen mit sich. Mutig und demütig darauf zurückzublicken und nicht am Versagten hängen zu bleiben, heißt das Leben auszuschöpfen. Als Erik Erikson und seine Frau in den 80er waren, beschreiben sie in ihrem Buch das Leben als Spirale: „Der Lebenszyklus erstreckt sich nicht nur einfach bis zu nächsten Generation, sondern er geht im Leben des einzelnen zurück und erlaubt die erneute Erfahrung früherer Stadien in anderer Form." (Erikson/Erikson/Kivinich 1986, S. 98). Dieser spiralförmige Weg durch das Leben konfrontiert uns mit unbekannten Passagen und holprigen Wegen, die gemeistert werden wollen. Diese Wege zu entdecken, neue Abzweigungen zu finden und alternative Routen zu nehmen, sich mit anderen zu vernetzen, nicht allein für sich sein zu müssen, sondern „unter Menschen sein" – das ist die Lebenskunst. Die „Ars vivendi", wie sie Philosoph:innen nennen.

Konflikte lassen sich nicht immer klären. Dazu zählen auch die vielen negativen Erfahrungen im Leben: In jungen Jahren sind es die Schwierigkeiten, sich für „einen" richtigen Weg zu entscheiden, im mittleren Alter bedauern Menschen die gescheiterten Wege und die unerfüllten Sehnsüchte. Im hohen Alter wird die Einsamkeit und die zunehmende körperliche Abhängigkeit als negativ bewertet. Diese Konflikte auch am Lebensende noch ernst zu nehmen, ihnen einen Platz im Leben zuzuweisen und weiterzugehen, ohne das Negative ständig zu nähren, ist für das hohe Alter das sinnvollste Lebensgefühl, was alte Menschen miteinander teilen.

Auch für die vielen Verluste, die Menschen in ihrem Leben erleiden, gibt es oft keinen Trost. Das ohne Bitterkeit zu akzeptieren ist nicht immer leicht.

Dr. Deepak Chopra, ein Pionier in der Wiederentdeckung der ayurvedischen Medizin, forschte lange zu Konflikten im Alter. Seine Erkenntnis daraus: „solange wir alte Wunden wieder aufreißen, alten Ängsten entfliehen und das Unbeherrschbare zu beherrschen, geraten wir immer mehr in Stress und beschleunigen durch die ständige Ausschüttung von Stresshormonen den Alterungsprozess" (Chopra 1993, S. 201).

Das gelebte Leben würdigen zu können – immer mit der Frage, was es denn noch Neues zu lernen, zu leben, zu erleben gibt –, stillt den Hunger nach Sinn.

Das Leben nicht als Serie zufälliger Ereignisse zu begreifen, sondern als Weg des Erwachens: lebenslanges Lernen bis zum Schluss, das macht das Leben kostbar.

6. Modelle und Konzepte

Verschiedene Autoren haben ihre Theorien als Abfolge von Aufgaben, Fertigkeiten und Stufen auf der tiefenpsychologischen Entwicklungstheorie von Erik H. Erikson aufgebaut. Im Folgenden beschreibe ich das epigenetische Modell von Erikson, den Entwicklungszyklus der Transaktionsanalytikerin Pamela Levin, die Stufen der Ich-Entwicklung der Entwicklungspsychologin Jane Loevinger und das Stufenmodell der moralischen Entwicklung nach Lawrence Kohlberg. Ich habe oft Modelle der Transaktionsanalyse auf den vorherigen Seiten beschrieben. Einen Überblick über die Konzepte der Transaktionsanalyse finden Sie im Anschluss.

6.1 Das epigenetische Entwicklungsmodell von Erik H. Erikson[8]

Das Modell der psychosozialen Entwicklung von Erik H. Erikson (1902–1994) beschreibt die Entwicklung des Menschen in Stufen. Es zeigt das Spannungsfeld zwischen den Bedürfnissen des Menschen als Individuum und den Einfluss der sozialen Umwelt auf diesen Prozess. Erikson ergänzte die psychosexuelle Entwicklung, wie sie der Psychoanalytiker Sigmund Freund beschrieben hat, durch diese psychosoziale Entfaltung.

Epigenetisches Modell: Erikson nahm an, dass die Entwicklung genetisch vorgegeben ist. Sie wir durch Umweltreize ausgelöst bzw. beeinflusst.

Der Krisenbegriff: Es sind acht aufeinander aufbauende Stufen, denen Menschen im Laufe ihres Lebens begegnen. Diese Krisen sind zu bewältigen.

Grundannahmen zur Entwicklung: Entwicklung ist ein lebenslanger Prozess. Für Erikson entsteht die Identität des Menschen in der aufeinander aufbauenden Krisenbewältigung.

8 Vgl. Erikson/Eckard-Jaffe (2005); vgl. auch www.wikipedia.de/wiki/Stufenmodell_der_psychosozialen_Entwicklung (Abfrage 23.06.2022).

Kritik: Positiv zu betrachten ist, dass das Modell die ganze Lebensspanne betrachtet und nicht auf die Psychosexualität (vgl. Freud) reduziert ist. Ein negativer Punkt hingegen ist, dass es nur auf die westliche Sozialisation eingeht. Erikson ging davon aus, dass Entwicklung nur stattfindet, wenn alle Krisen gelöst werden.

Urvertrauen vs. Urmisstrauen (0–1 Jahre): Wenn die Eltern das Neugeborene versorgen, entwickelt das Kind ein „Gefühl des Sich-verlassen-Dürfens". Wenn es sich nicht verlassen kann, entwickelt es Misstrauen. Ein Kind kann sowohl Vertrauen als auch Misstrauen kennenlernen. Das Vertrauen muss aber überwiegen, damit die Krise gemeistert werden kann.

Autonomie vs. Selbstzweifel (1–3 Jahre): Das Kind muss das Gefühl haben, seine neuerworbenen Fähigkeiten wie „gehen" oder „sprechen" zu zeigen. Die zunehmende Autonomieentwicklung steht im Vordergrund. Kommt es zur permanenten Einschränkung der explorativen Verhaltensweisen, entwickelt sich ein Schamgefühl.

Initiative vs. Schuldgefühl (3–5 Jahre): Das Kind entwickelt zunehmend Initiative und Kreativität. Gleichzeitig ist es das Alter, in dem ein Kind eine eigene Moralvorstellung entwickelt. Wenn es das Kind schafft, die eigene Kreativität auszuleben und mit Schuldgefühlen umzugehen, ist diese Krise gemeistert.

Kompetenz vs. Minderwertigkeit (6–11 Jahre): Kinder in diesem Alter sind lernbegierig: „Ich bin, was ich lerne". Es möchte selbst gestalten und dafür Anerkennung erhalten. Wenn diese Entwicklung überschätzt wird, droht Scheitern. Wenn sie unterschätzt wird, entwickelt sich ein Minderwertigkeitsgefühl.

Identität vs. Rollendiffusion (12–18 Jahre): „Ich bin, was ich bin". Die jugendliche Person hat in dieser Phase die Aufgabe, ein Selbstbild zu formen. Das geschieht, indem es das Wissen über sich selbst und das der Umwelt zusammenfügt. Es geht darum, ein festes Vertrauen in die eigene Person zu entwickeln. Der Mensch in dieser Phase möchte seine soziale Rolle in der Gesellschaft einnehmen.

Intimität vs. Isolation (20–45 Jahre): In dieser Phase entwickelt sich die Fähigkeit zur Nähe und zur Bindung zu anderen Menschen. Das bezieht sich ebenso auf Freundschaften. Wenn der Mensch fähig ist zu lieben, können auch Unterschiede und Widersprüche in den Hintergrund treten. Gelingt die Intimität nicht, zeigt sich das in einem Gefühl von Einsamkeit und der Vermeidung von Konkurrenz und Kooperation.

Generativität vs. Stagnation (45–65 Jahre): Als Generativität bezeichnet Erikson den Wunsch, sich um zukünftige Generationen zu kümmern. Dabei geht es nicht nur um die eigenen Kinder. Er bezieht auch das Unterrichten, die Künste und die Wissenschaft mit ein. Stagnation meint genau das Gegenteil: Der Mensch hat nur selbstbezogene Interessen. Gelingt diese Phase, hat man die Fähigkeit zur Fürsorge erlangt, ohne sich selbst dabei aus den Augen zu verlieren.

Ich-Integrität vs. Verzweiflung (65 Jahre bis zum Tod): In dieser Phase blickt der Mensch auf sein Leben zurück und kann es so annehmen, wie es war: mit allen Spannungen und Strömungen. Gleichzeitig geht es um die Auseinandersetzung mit dem Tod. Wenn diese Krise gemeistert wird, erlangt der Mensch nach Erikson Weisheit.

6.2 Die Zyklen der Entwicklungen nach Pamela Levin

Die Transaktionsanalytiker Pamela Levin (Levin 1982) beschrieb in den 70er Jahren einen lebensgeschichtlichen Entwicklungszyklus. Er zeigt auf, wie der Mensch im Laufe des Lebens unterschiedliche Phasen spiralförmig und erweiternd wiederholt durchläuft. Noch nicht abgeschlossene Lebensthemen können dadurch verändert werden oder heilen. Dabei richtet sie ihren Blick nicht auf mögliche Ursachen von aktuellen Schwierigkeiten, sondern auf das Gelingen eines Entwicklungsprozesses. Die zeitlichen Stufen übernimmt sie aus der Entwicklungspsychologie: Kraft zum Sein, Kraft zum Tun, Kraft zum Denken, Kraft der Identität. Ab etwa sechs Jahren folgen Fähigkeiten und Fertigkeiten (6–12 Jahren) und Integration (12–18 Jahren). Die letzte Phase nennt sie „Recycling“ (ab 18 Jahren). Mit „Recycling“ bezeichnet die Autorin das erneute Durchlaufen der dargestellten Lebensthemen. Sie geht davon aus, dass für eine gesunde Entwicklung je nach Entwicklungsalter bestimmte Ermutigungen aus dem Umfeld nötig sind.

Zyklen der Entwicklungen: Annahme, dass die Entwicklung ein spiralförmiger und unendlicher Verlauf der Lebensentwicklung ist. Noch nicht abgeschlossene Lebensthemen können dadurch verändert oder geheilt werden.

Ermutigungen: Zu den einzelnen Entwicklungsstufen gehören spezifische Ermutigungen, die eine förderliche und bestärkende Aussage enthalten.

Kritik: Positiv gesehen zeichnen die Entwicklungsimpulse *(affirming messages)* aus, wie stark Menschen auf die Resonanz der Umwelt angewiesen sind. In den ersten Jahren finden die Entwicklungsimpulse durch die Bindungsperson statt. Ein negativer Punkt des Modells ist die starr erscheinende Zeiteinteilung und Abfolge der Stufen.

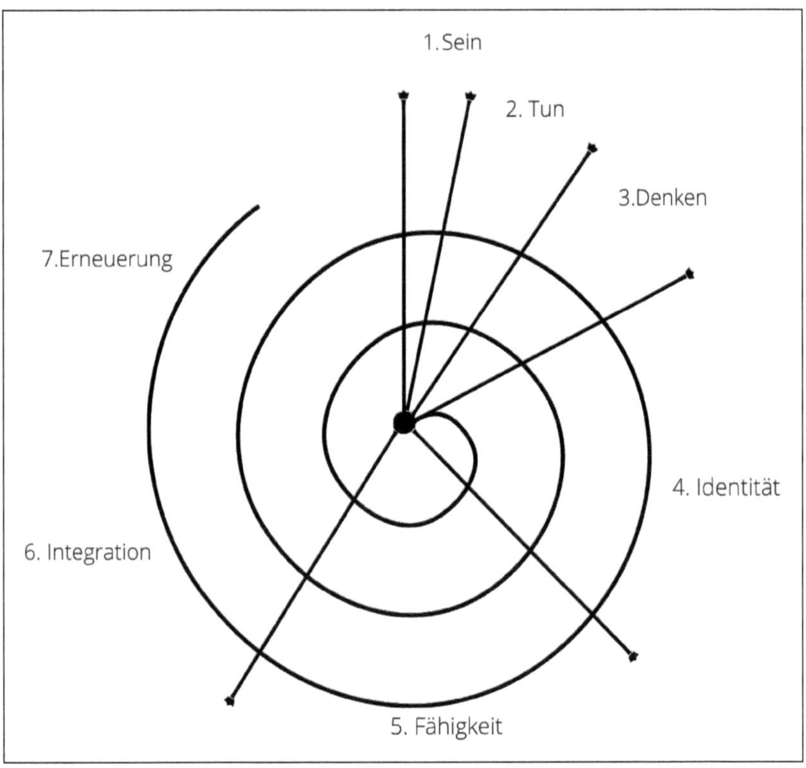

Abbildung 16: Zyklen der Entwicklung nach Pamela Levin (1980)

Sein[9]: Die Atmosphäre des „Angenommenseins“, ohne Kraftanstrengung, ist notwendig, um auch für das spätere Leben ein Gefühl der Geborgenheit, der Lust, des „Einfach-so-Seins“ entwickeln zu können. Hier wird der Grundstock für das Selbstgefühl und damit auch für das Selbstbewusstsein, Selbstvertrauen und Selbstwertgefühl gelegt.

9 Affirming messages übernommen aus Kessel/Raeck/Verres 2021, S. 88 f.

- Ich freue mich, dass du da bist.
- Du hast ein Recht, hier zu sein
- Ich finde deine Bedürfnisse in Ordnung
- Ich mag dich gerne anfassen und halten.
- Du kannst dir deine Zeit nehmen (zu wachsen).

Tun: Die Zeit des erforschenden Handelns. Das Kind lernt, Einfluss zu nehmen und loszulassen, und findet die Wirkung seines Handels heraus. Gefühle werden unmittelbar geäußert und ausprobiert.

- Du kannst neugierig sein und intuitiv.
- Du kannst erkunden und experimentieren.
- Du kannst dir sicher sein.
- Ich gebe dir gerne meine Aufmerksamkeit.
- Du kannst auf Menschen und Dinge zugehen.
- Du kannst auch für dich sein.
- Es ist in Ordnung, die Welt zu erkunden und gleichzeitig umsorgt zu werden.

Denken/Fühlen: Ab dem 19. Monat beginnt das Kind noch deutlicher als vorher, verbal und nonverbal seine eigenen Bedürfnisse und Interessen körperlich, emotional und verbal auszudrücken. Es beginnt, „Nein“ zu sagen, und übt, wie es seine eigenen Bestrebungen und Wünsche in Kontakt mit anderen Menschen und der Welt umsetzen kann.

- Es ist in Ordnung, mir und anderen deinen Ärger zu zeigen.
- Ich freue mich, dich wachsen zu sehen.
- Es ist gut, wenn du für dich denkst.
- Du kannst deine Bedürfnisse wahrnehmen.
- Du kannst für dich selbst denken. Du brauchst nicht für andere zu denken und Verantwortung zu tragen, eher mit ihnen gemeinsam.

Identität: Das Kind lernt alle denkbaren Rollen im Leben und in dieser Welt zu entdecken, nachzuahmen, durchzuspielen und dabei die eigene Identität herauszubilden. Es sucht nach den zu ihr passenden Rollen und Gestalten.

- Du kannst deine Gefühle offen zeigen.
- Es ist in Ordnung, dass du deine eigenen Vorstellungen von der Welt hast.
- Es ist in Ordnung, mich oder andere um Hilfe zu bitten.

- Es ist gut herauszufinden, wer du bist.
- Es ist in Ordnung, dir Dinge vorzustellen, ohne zu befürchten, dass sie wahr werden.

Fähigkeiten: Die neue Entwicklung wird sichtbar durch das verstärkte Ausprobieren und Entwickeln verschiedenster Fähigkeiten und Fertigkeiten. Diese Phase deckt sich mit den ersten selbstständigen Gehversuchen in der Schule. Dort können Kinder entdeckend und erforschend handeln, denken und fühlen, sie selbst sein und Fertigkeiten entwickeln, ausbauen und entfalten.

- Du kannst eine andere Meinung haben als ich oder die anderen.
- Du kannst Dinge auf deine eigene Art tun.
- Vertraue deinen Gefühlen und lasse dich von ihnen leiten.
- Du musst nicht leiden, um zu bekommen, was du brauchst.
- Du kannst nachdenken, bevor du Dinge auf deine Art machst.

Integration: In doppelter Geschwindigkeit durchlaufen wir alle bisher durchlebten Stadien noch einmal und erreichen im Alter von etwa 18 Jahren eine Integration all unserer Persönlichkeitsanteile.

- Es ist in Ordnung, du selbst zu sein.
- Es ist in Ordnung, erwachsen zu sein und Erfolg zu haben.
- Für deine eigenen Gefühle, Bedürfnisse und Verhaltensweisen bist du selbstverantwortlich.

Levin-Landheer, P. (1982): The Cycles of Development. In: Transactional Analysis Journal 12 (2), 129–139.

6.3 Die Ich-Entwicklungsstufen nach Jane Loevinger

Aufbauend auf den Arbeiten von Jean Piaget und Erik H. Erikson entwickelte Jane Loevinger (1918–2008) das Modell der Ich-Entwicklung. Die Ich-Struktur versteht sie als eine Instanz, wie sich eine Person selbst und die Welt wahrnimmt und interpretiert. Sie begriff sie nicht als eine feststehende Instanz, sondern wirklichkeitskonstruktivistisch als einen Prozess, der die Gedanken und Erfahrungen eines Menschen organisiert. Sie untersuchte Denkstrukturen auf vier Ebenen:

- Charakter (Umgang mit Impulsen und eigenen wie fremden Maßstäben),
- Interpersoneller Stil (Art und Weise, mit anderen Menschen umzugehen),
- Bewusstseinsfokus (Bereiche, die im Fokus der eigenen Aufmerksamkeit liegen),
- Kognitiver Stil (Art und Weise der verwendeten Denkstrukturen).

Die Ich-Entwicklung ist eine gut validierte Theorie über die Entwicklung von Erwachsenen.

Grundannahme der Entwicklung: Es gibt zwei Pole: das „Ich" und die „Anderen". Zwischen diesen Polen läuft die Entwicklung ab. Es geht darum, ein „Eigenes" zu werden und in der „Gemeinschaft zu sein".

Weiterentwicklung: Robert Kegan (1994) hat das Konzept im deutschsprachigen Raum eingeführt und vertieft. Thomas Binder (2015) erweiterte die Zusammenhänge mit Beratungskompetenzen und fügte noch eine zehnte Stufe dazu.

Kritik: Die Gesellschaft müsste sich stark verändern, wenn alle auf der Stufe E7 oder höher wären, weil keiner mehr fremdbestimmt arbeiten würde. Ist das realistisch?

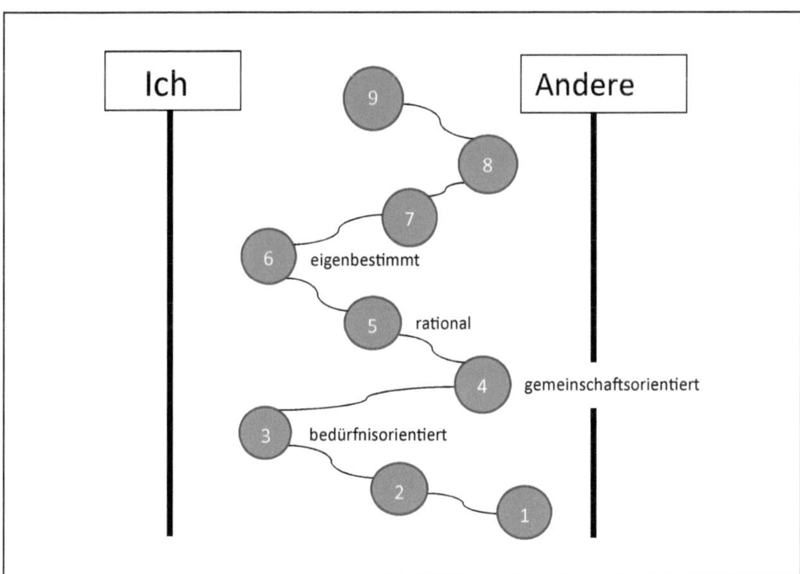

Abbildung 17: Ich-Entwicklung nach Jane Loevinger (1976)

Stufe E3 – selbstorientierte Stufe[10]: Der eigene Vorteil steht im Vordergrund, andere Menschen werden als Mittel zur eigenen Bedürfnisbefriedigung gesehen, weniger als Wert an sich. Es kommt zu opportunistischem Verhalten anderen gegenüber. Menschen in der selbstorientierten Stufe überblicken eher einen kurzen Zeithorizont. Ihr Fokus liegt zumeist auf konkreten Dingen mit wenigen abstrakten Aspekten. Sie können schlecht Feedback annehmen und handeln stark stereotypisch.

Stufe E4 – gemeinschaftsbestimmte Stufe: Das Denken und Handeln sind vor allem an Regeln und Normen der relevanten Bezugsgruppen ausgerichtet. Dabei wird die eigene Identität durch diese definiert, die Zugehörigkeit und Unterordnung unter deren Sichtweisen sind vorherrschend.

Die Gesichtswahrung der Menschen mit diesem Reifegrad ist zentral. Wenn die Erwartungen der relevanten Bezugsgruppe verletzt werden, entstehen starke Schuldgefühle. Konflikte werden meisten vermieden und die Kontakte zu anderen sind oberflächlich. Es wird vorwiegend in Endweder-Oder-Kategorien gedacht und weniger in Sowohl-als-auch-Alternativen.

Stufe E5 – rationalistische Stufe: Es gibt eine Orientierung an klaren Standards, das Denken ist sehr rational mit kausalen Vorstellungen, wie die Dinge sind und laufen sollen.

Menschen in diesem Reifegrad fangen langsam an, sich selbst wahrzunehmen. Sie suchen nach Motiven des Verhaltens anderer und beginnen und können langsam verschiedene Perspektiven einnehmen. Sie bewegen sich eher noch im engen fachlichen Denken und betonen die Effizienz statt Effektivität.

Stufe E6 – eigenbestimmte Stufe: Die Werte, Vorstellungen und Ziele sind voll entwickelt und selbst definiert. Die Identität ist gut ausgebildet und zeigt sich durch starke Zielorientierung und Selbstoptimierung.

Menschen mit diesem Reifegrad können die Komplexität von Situationen akzeptieren. Sie haben oft ein reiches Innenleben und haben Respekt vor individuellen Unterschieden (dabei wird der eigene ‚Schatten' der Subjektivität häufig nicht gesehen). Beziehungen beruhen auf Gegenseitigkeit.

Stufe E7 – relativierende Stufe: Beginnendes Bewusstsein darüber, wie die eigene Wahrnehmung die Sicht auf die Welt prägt: es gibt ein stärkeres Hinter-

10 Stufen übernommen nach Thomas Binder (Binder 2015).

fragen der eigenen Sichtweisen (und der von anderen Menschen). Der Mensch zeichnet sich durch eine relativistische Weltsicht aus.

Angehörige diesen Reifegrades zeigen eine große Bewusstheit gegenüber inneren/äußeren Konflikten und Paradoxien (ohne diese integrieren zu können). Jemand, der diese Stufe der Reife erreicht hat, hat meistens eine sehr individuelle Persönlichkeit.

Stufe E8 – systemische Stufe: Der ‚systemische' Reifegrad zeigt vor allen Dingen eine voll ausgebildete Multiperspektivität: Menschen dieser Stufe zeigen eine gleichzeitige Prozess- und Zielorientierung. Sie können Beziehungen systemisch erfassen. Auch haben sie die Fähigkeit, sich widersprechende Aspekte und Meinungen zu integrieren. Es gibt eine hohe Motivation, sich selbst weiterzuentwickeln.

In der systemischen Stufe steigt die Toleranz für Mehrdeutigkeit. Es gibt offene, kreative Auseinandersetzungen mit Konflikten. Gleichzeitig aber auch einen hohen Respekt vor Autonomie anderer Personen und Aussöhnung mit eigenen als negativ erlebten Anteilen.

Stufe E9 – Integrierte Stufe: An kein explizites System (Werte, Einstellungen, Praktiken etc.) mehr gebunden, Erfahrungen werden laufend neu bewertet und in andere Zusammenhänge gestellt. In hohem Maße selbstaktualisierend.

In dieser Stufe gelingt es, Paradoxien zu integrieren, es gibt eine hohe Bewusstheit gegenüber dem eigenen Aufmerksamkeitsfokus. Ein starkes Interesse und ein besonderes Gespür für Symbolik.

Stufe E10 – fließende Stufe: Das Bedürfnis, Dinge und Personen zu bewerten, wird aufgegeben. Es gibt ein Verschmelzen mit der Welt, kein weiteres Festhalten, sondern sich auf den Fluss der Dinge einlassen.

Menschen, die dieser sehr seltenen fließenden Stufe angehören, gelingt es, eine spielerische Abwechslung zwischen Ernst und Trivialem zu leben. Die unterschiedlichen Bewusststeinszustände gehen ineinander über. Gedacht wird in Zeitzyklen und historischen Dimensionen. Sie akzeptieren die Andersartigkeit von Menschen wie sie sind, denken in Zeitzyklen und historischen Dimensionen, volles akzeptieren von Andersartigkeiten und Menschen, wie sie sind.

Binder, T. (2015): Ich-Entwicklung für effektives Beraten. Göttingen: Vandenhoeck & Ruprecht.

Loevinger, J. (1976): Ego development. Conceptions and theories. San Francisco. Jossey-Bass.

6.4 Das Stufenmodell der moralischen Entwicklung nach Lawrence Kohlberg

Der amerikanische Forscher Lawrence Kohlberg entwickelte Mitte des 20. Jahrhunderts ein kognitives Modell der Moralentwicklung und stellte eine Weiterentwicklung von Jean Piagets Theorie der kognitiven Entwicklung dar. Für Kohlberg war das Gerechtigkeitsprinzip das höchste Prinzip der Moral.

Kohlberg beschäftige sich mit der Frage: Wie entwickelt sich Moral beim Menschen und wie kann man diese Entwicklung meistern?

Der Dilemmabegriff: Ein nicht eindeutig lösbares Problem. Die Dilemmamethode dient zur Feststellung des moralischen Entwicklungsstadiums.

Grundannahme zur Entwicklung: Die sechs Stufen stellen eine echte Entwicklungssequenz dar. Das heißt, sie werden von jeder Person in jeder dieser Abfolge durchlaufen.

Kritik: Die Stufen berücksichtigen keine Emotionen. Auch wurden in seinen Befragungen nur Jungen befragt. So haben Frauen eine Moral, die eher an Fürsorge und sozialer Verantwortung orientiert sei. Bei Männern geht es mehr um Gesetze und Gerechtigkeit, so die Forscher:innen.

Prävkonventionelle Moral	Stufe 1	*Orientierung an Strafe und Gehorsam:* Gut ist ... zu tun, was der Stärkere verlangt.
	Stufe 2	*Im Mittelpunkt steht das Eigeninteresse:* Gut ist ... gegenseitige Interessen zu befriedigen, damit ich etwas davon habe.
Konventionelle Moral	Stufe 3	*An interpersonalen Erwartungen in Beziehungen geknüpft:* Gut Ist ... was mein Ansehen vergrößert.
	Stufe 4	*Ordnung und Pflichtbewusstsein. Nicht mehr an Einzelpersonen gebunden:* Gut ist ... was nicht verboten ist.
Postkonventionelle Moral	Stufe 5	*Orientierung am Sozialvertrag:* Gut ist ... was alle gesellschaftlich Beteiligten zufriedenstellt.
	Stufe 6	*Orientierung an universale ethische Prinzipien:* Gut ist ... was universell zum Gesetz erklärt werden kann.

Tabelle 6: Stufen der Moralentwicklung nach Lawrence Kohlberg (1969)

Für Kohlberg war weniger interessant, was richtig oder falsch, sondern vielmehr wie eine Begründung für eine Entscheidung in einer Dilemmasituation ist.

Die verschiedenen Stufen werden typischerweise in einem bestimmten Alter erreicht, nur die letzte Stufe wird von sehr wenigen Menschen erreicht

6.5 Die Transaktionsanalyse nach Eric Berne

„Die Transaktionsanalyse ist eine Theorie der menschlichen Persönlichkeit und zugleich eine Richtung der Psychotherapie, die darauf abzielt, sowohl die Entwicklung wie auch Veränderungen der Persönlichkeit zu fördern" (vgl. Stewart/Joines 2015, S. 23). Ihr Ursprung ist eine tiefenpsychologisch orientierte Therapieschule, die von dem amerikanischen Psychiater Dr. Eric Berne in den 50er und 60er Jahren des 20. Jahrhunderts begründet wurde. Das tiefenpsychologische Fundament wird mit einem handlungsorientierten Ansatz verbunden. Transaktionsanalyse zielt darauf ab, Wachstum und Veränderung zu unterstützen. Somit lässt sie sich der humanistischen Psychologie zuordnen und hält im 21. Jahrhundert förderliche Antworten für die Entwicklungsbedürfnisse der Menschen bereit. Für Eric Berne war die These, dass Menschen in Ordnung (OK) sind, eine fundamentale Überzeugung, die seine ganze Theorie prägte. Diese OK-Grundhaltung beinhaltet, Menschen in ihrer Entwicklung zu fördern und sie zu unterstützen, sich aus selbstentwickelten Zwängen zu befreien und ihr konstruktives Potenzial zu fördern. So sah er es auch als eine natürliche Tatsache an, zu scheitern, Fehler zu machen und daraus zu lernen. Die bejahende Lebenseinstellung „ich bin okay, du bist okay" geht von der Annahme aus, „dass jeder mit der Fähigkeit auf die Welt gekommen ist, seine Möglichkeiten zu seinem und zum Vorteil der Gesellschaft zu entwickeln, sich seines Lebens zu freuen, produktive und kreative Arbeit zu leisten" (Schlegel 2007, S. 102). Das schließt eine Offenheit für neue Erfahrungen ein, auch wenn diese dem bisherigen Erleben widersprechen und zu Neuentscheidungen aufrufen.

Dem zugrunde liegt die Philosophie der Transaktionsanalyse, dass *jeder Mensch denken kann* (entsprechend seiner angeborenen Möglichkeiten). Daraus entwickelt sich die Lern- und Veränderungsfähigkeit des Menschen. *Menschen können Entscheidungen* treffen und damit über ihr eigenes Leben im Rahmen der inneren und äußeren Bedingungen entscheiden. Dafür tragen sie die *Verantwortung* für sich selbst (Jecht/Pelz 2022, S. 19). Damit ist eine prinzipielle Verantwortlichkeit gemeint, die jeder Mensch für sein eigenes Leben hat. Ein Herzstück der Transaktionsanalyse ist der Vertrag. Der Vertrag ist eine explizite beidseitige Verpflichtung zu einem klar definierten Vorgehen. Ein Vertrag soll eine offene Kommunikation unterstützen und drückt die Verantwortlichkeit für das eigene Tun aus. Die *Autonomie,* die das Ziel der transaktionsanalytischen Arbeit ist, bedeutet Selbstständigkeit im Kontakt mit anderen und nicht einen rücksichtslosen Egoismus. Transaktionsanalytiker sprechen daher auch von „bezogener Autonomie“. Sie zeigt sich in drei Fähigkeiten: Bewusstheit (Achtsamkeit), Spontanität (Wahlmöglichkeit und Entscheidung) und Intimität (das in Kontakt zu bringen, was wichtig für einen selbst ist). Transaktionsanalyse hilft vergangene Erlebnisse zu bearbeiten und verborgene Ressourcen zu aktivieren (vgl. die Theorie des Lebensskripts in Kapitel 2.2). Als Theorie der menschlichen Persönlichkeit vermittelt die Transaktionsanalyse ein Bild davon, wie Menschen psychologisch beschaffen sind. Zur Veranschaulichung dient eine Darstellung mit drei übereinanderliegenden Kreisen, die als Ich-Zustands-Modell (Abbildung 18) bekannt geworden ist.

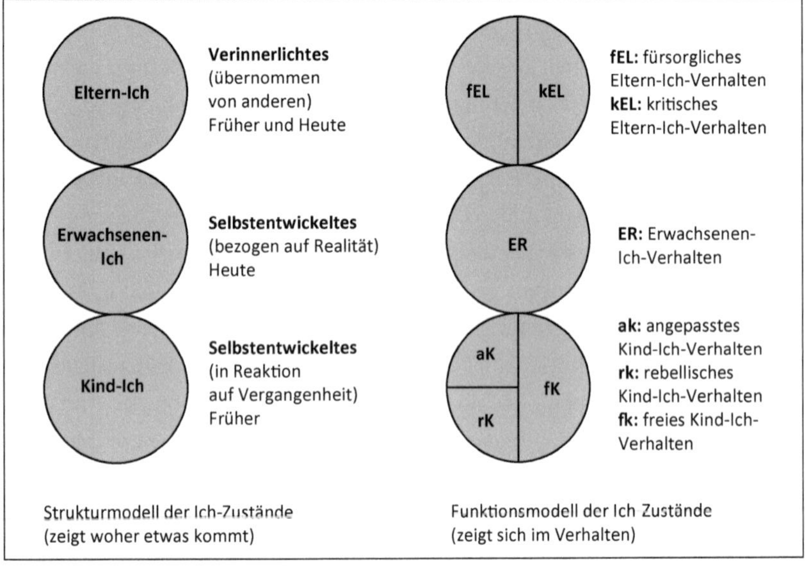

Abbildung 18: Ich-Zustands-Modell

Dieses Persönlichkeitsmodell der Transaktionsanalyse entwickelte Berne (1972, S. 37) aus der Beobachtung, dass Menschen aus unterschiedlichen Persönlichkeitsanteilen zu kommunizieren und zu handeln scheinen: mitunter mit Denk-, Fühl- und Verhaltensmustern des Kindes, das sie einmal waren – oder mit solchen, die den Elternfiguren gleichen, die sie als Kind erlebt haben – oder auf eine auf die Gegenwart gerichtete, ganz eigene, erwachsene Art und Weise.

Dabei wird Persönlichkeit in zweierlei Hinsicht betrachtet: Zum einen unter dem Aspekt ihrer Entstehungsgeschichte und Zusammensetzung (Strukturanalyse), zum anderen unter dem Aspekt ihrer Ausdrucksqualitäten nach außen hin (Funktionsanalyse) (Behrens 2020, S. 179). Das *Ich-Zustandsmodell* hilft, menschliche Verhaltensweisen zu verstehen, das heißt zu begreifen, wie eine Person sich in ihrem Tun und Lassen äußert. Das Symbol der drei übereinanderliegenden Kreise symbolisieren die Kategorien Eltern-Ich, Erwachsenen-Ich und Kindheits-Ich.

Wenn Menschen miteinander in Kontakt treten, tauschen sie Mitteilungen und Botschaften aus. Sie setzen dabei die gesprochene Sprache und ihren Körper ein, nutzen Worte, Gestik und Mimik gleichermaßen. Diese zwischenmenschlichen Begegnungen und Interaktionen werden als *Transaktionen* bezeichnet. Dabei gehen Transaktionsanalytiker:innen davon aus, dass jeder Mensch stets aus einem seiner drei Ich-Zustände heraus kommuniziert (oder sich verhält) und dabei seine Botschaft – bewusst oder unbewusst – an einen Ich-Zustand des Gegenübers adressiert. Diese Prozesse der Kommunikation können reibungslos, aber auch verdeckt ablaufen. Dann führen sie zu *psychologischen Spielen.* Dieser Ausdruck steht für destruktive Interaktionsmuster mit emotional belastendem Ausgang. Am Anfang dieser Muster steht häufig die Frage, wer Recht hat, wer schuld ist oder wer angefangen hat – am Ende bestätigen sich damit die Beteiligten ihre Sicht auf die anderen, sich selbst und die Welt. Die Analyse von Spielen verdeutlicht diese Dynamik und ihre Hintergründe (Glaubenssätze, Grundhaltungen, Bezugsrahmen). Das Dramadreieck ist ein Beispiel für ein psychologisches Spiel, das musterhaft und vorhersehbar verläuft. Die Rollen sind simpel: Verfolger, Opfer, Retter. Sie ermöglichen einen Konflikt und lassen ihn eskalieren. Dabei werden die Rollen im schnellen Sekundenwechsel getauscht – eine zusätzliche Dynamik.

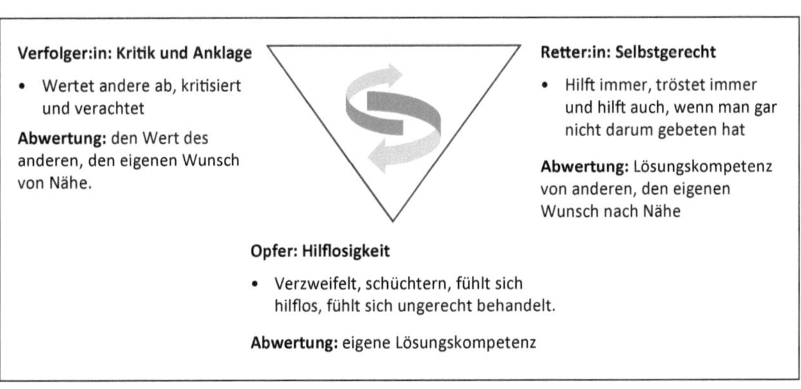

Abbildung 19: Das Drama-Dreieck nach Steven Karpman (1968)

Eric Bernes Ziel war es Zeit seines Lebens, das Empowerment seiner Klient:innen zu unterstützen und erworbenes Expertenwissen im Sinne von Hilfe zur Selbsthilfe für den Lebensalltag bereitzustellen. Bis heute wird die Transaktionsanalyse stetig weiterentwickelt und bezieht andere Methoden mit ein.

Ausführliche Informationen zur Transaktionsanalyse, weiterführende Literatur und Veranstaltungen finden Sie auf der Website der Deutschen Gesellschaft für Transaktionsanalyse (www.dgta.de).

Jecht, G./Pelz, G. (2022): Transaktionsanalyse. Weinheim, Basel: Beltz Juventa.

Literatur

Backes, C. (2013): Lebensphase Alter. Eine Einführung in die sozialwissenschaftliche Forschung. Weinheim, Basel: Beltz Juventa.

Baltes, P. B. (2007): Toward a developmental psychology of Sehnsucht (life longings): The optimal (utopian) life. In: Developmental Psychology, 43, S. 778–795.

Baltes, P. B./Baltes, M. (1990): Optimierung durch Selektion und Kompensation. Ein psychologisches Modell erfolgreichen Alterns: In: Zeitschrift für Pädagogik, 35 (1), S. 85–105.

Beck, U. (1980): Soziologie der Arbeit und der Berufe. Grundlagen, Problemfelder, Forschungsergebnisse (Rowohlts deutsche Enzyklopädie, Bd. 395). Reinbek bei Hamburg: Rowohlt.

Behrens, C. (2014): Spirituelle Begleitung am Lebensende – nur etwas für Experten? In: Zeitschrift für Transaktionsanalyse, 4, S. 280–289.

Behrens, C. (2015): Hilfe für Helfer. Hannover: Schlütersche.

Behrens, C. (2016a): Mut zur Trauer. In: Zeitschrift für Transaktionsanalyse, 4, S. 260–271.

Behrens, C. (2016b): Vorbilder: Fake it, fake it – till you make it. www.c-behrens.de/vorbilder (Abfrage: 25. 07. 2022).

Behrens, C. (2019): Beziehungsbedürfnisse: Acht erprobte Schritte um Beziehung aufzubauen. www.c-behrens.de/beziehungsbeduerfnisse (Abfrage: 25. 07. 2022).

Behrens, C. (2020): Aufstellungsarbeit mit TA. In: Stadler, C./Kress, B. (Hrsg.): Praxishandbuch Aufstellungsarbeit. Grundlagen, Methodik und Anwendungsgebiete. Wiesbaden: Springer.

Berne, E. (1967): Spiele der Erwachsene. Reinbek bei Hamburg: Rowohlt.

Berne, E. (1972): Was sagen sie nachdem sie guten Tag gesagt haben? Frankfurt am Main: Fischer.

Bertram, H./Bujart, M./Rösler, W. (2011): Rush-Hour des Lebens, Geburtenaufschub, Einkommensverläufe und familienpolitische Persperktiven. In: Journal für Reproduktivmedizin und Endokrinologie 8 (2), S. 91–99.

Binder, T. (2015): Ich-Entwicklung für effektives Beraten. Göttingen: Vandenhoeck & Ruprecht.

Bittman, M./Wajcman, J. (2000): The Rush Hour: The Character of Leisure Time and Gender Equity. In: Social Forces, 79 (1), S. 165–189.

Blanchflower, D. G./Oswald, A. J. (2008): Is well-being U-shaped over the life cycle? In: Social Science & Medicine 66 (8), S. 1733–1749.

Bleyer-Rex, I. (2003): Lebensphasen: Weibliche Zyklizität. In: Beckermann, M. J./Perl, F. M. (Hrsg.): Frauen-Heilkunde und Geburts-Hilfe. Basel: Schwabe.

Bloch, E. (1962): Subjekt-Objekt. Erläuterungen zu Hegel. Frankfurt am Main: Suhrkamp.

BMFSF (2006): Familie zwischen Flexibilität und Verlässlichkeit. Perspektiven für eine lebenslaufbezogene Familienpolitik. Siebter Familienbericht. www.bmfsfj.de/resource/blob/76276/40b5b103e693dacd4c014648d906aa99/7--familienbericht-data.pdf (Abfrage: 20. 02. 2022).

Borasio, G. D. (2006): Who should assess the patient's spiritual care needs? A randomized study. Poster beim Congress the European Association of Palliative Care. München.

Bowlby, John (1987): Bindung. In: Grossmann, K. E. & Grossmann, K. (Hrsg.) Bindung und menschliche Entwicklung. John Bowlby, Mary Ainsworth und die Grundlagen der Bindungstheorie und Forschung. Stuttgart: Klett-Cotta, 22–26.

Brandstädter, J./Lindenberger, U. (2007): Entwicklungspsychologie der Lebensspanne. Stuttgart: Kohlhammer.

Brater, M. (1980): Soziologie der Arbeit und der Berufe. Grundlagen, Problemfelder, Forschungsergebnisse (Rowohlts deutsche Enzyklopädie, Bd. 395). Reinbek bei Hamburg: Rowohlt.

Buber, M. (2008): Ich und Du. Stuttgart: Reclam.

Bujard, M./Panova, R. (2014): Rushhour des Lebens. www.bpb.de/themen/familie/familienpolitik/197927/rushhour-des-lebens/?p=all (Abfrage 05. 05. 2022).

Bundesanzeiger (2021): Richtlinie des gemeinsamen Bundesausschusses über die ärztliche Betreuung während der Schwangerschaft und nach der Entbindung. www.g-ba.de/downloads/62-492-2676/Mu-RL_2021-09-16_iK-2022-01-01.pdf (Abfrage15. 01. 2022).
Carstensen, L. (2012): The Theory behind the age-related positivity effect. In: Frontiers in Psychology, 3 (339), S. 5.
Carstensen, L./Turan, B./Scheibe, S./Ram, N./Ersner-Hershfield, H./Samanez-Larkin, G. R./Books, K. P./Nesselroade, J. R. (2011): Emotional experience improves with age. Evidence based on ever 10 years of experience sampling. In: Psychology and Aging, 26, S. 21–33.
Chopra, D. (1993): Ageless Body, Timeless Mind: The Quantum Alternative to Growing Old. New York: Harmony.
Clarkson, P. (1996): Transaktionsanalytische Psychotherapie: Grundlagen und Anwendung. Das Handbuch für die Praxis. Freiburg im Breisgau: Herder.
Costa, P. T. jr. (1990): Personality in Adulthood. New York: Guilford.
Crossman, P. (1966): Permission and Protection. In: Transactional Analysis Bulletin, 5 (19), S. 152–154.
Daheim, H. (1980): Soziologie der Arbeit und der Berufe. Grundlagen, Problemfelder, Forschungsergebnisse (Rowohlts deutsche Enzyklopädie, Bd. 395). Reinbek bei Hamburg: Rowohlt.
Damasio, A. R. (2002): Ich fühle, also bin ich. Die Entschlüsselung des Bewusstseins. München: List.
Erikson E./Erikson J./Kivinich H. (1996): Vital Involvement in old Age. New York: W. W. Norton & Company.
Erikson, E. (1966): Identität und Lebenszyklus, Frankfurt am Main: Suhrkamp, S. 55–123.
Erikson, E. (1998): Der vollständige Lebenszyklus. Frankfurt am Main: Suhrkamp.
Erikson, E./Eckard-Jaffe, M. (2005): Kindheit und Gesellschaft. 14. Auflage. Stuttgart: Klett-Cotta.
Erskine, R. G. (2008): Beziehungsbedürfnisse. In: Zeitschrift für Transaktionsanalyse, 4 (25), S. 287–298.
Eurich, A. C. (1981): Major transition in the human life cycle. Lexington, Mass.
Eyben, E. (1973): Die Einteilung des menschlichen Lebens im römischen Altertum. www.rhm.uni-koeln.de/116/Eyben.pdf (Abruf: 28. 06. 2022).
FAZ (2017): Begeisterung ist wie Dünger für das Gehirn. www.faz.net/aktuell/karriere-hochschule/buero-co/hirnforschung-begeisterung-ist-wie-duenger-fuer-das-gehirn-15142152.html (Abfrage: 08. 08. 2022).
Frankl, V. (1977): Das Leiden am sinnlosen Leben. Freiburg im Breisgau: Herder.
Frankl, V. (1982): Der Mensch vor der Frage nach dem Sinn. München: Piper.
Freund, A. M. (2007): Toward a developmental psychology of Sehnsucht (life longings): The optimal (utopian) life. In: Developmental Psychology, 43, S. 778–795.
Freund, A. M. (o. J.): Nur wer die Sehnsucht kennt … www.psychologie.uzh.ch/de/bereiche/dev/lifespan/erleben/berichte/mehr-berichte/sehnsucht.html (Abfrage: 15. 02. 2022).
Freund, A. M./Nikitin, J. (2012): Junges und mittleres Erwachsenenalter. In: Schneider, W./Lindenberger, U. (Hrsg.): Entwicklungspsychologie. 7. Auflage. Weinheim, Basel: Beltz, S. 259–286.
Freund, A. M./Nikitin, J./Ritter, J. O. (2009): Psychological consequences of longevity: The increasing importance of self-regulation in old age. In: Human Development, 52, S. 1–37.
Freund, A. M./Ritter, J. (2009): Midlife crisis. A debate. In: Gerontology, 55, S. 582–591.
Fuchs, T. (2006): Was ist gute Arbeit? Anforderungen aus der Sicht von Erwerbstätigen (INQA) – Berichte der Bundesanstalt für Arbeitsschutz und Arbeitsmedizin, Bd. 19. Bremerhaven: Wirtschaftsverlag N. W. Verlag für neue Wissenschaft
Goethe, J. W. v (2019): Aus meinem Leben – Dichtung und Wahrheit, 2. Teil, 9. Buch. Norderstedt: Vero.
Graf, F. W. (2010): Über Glück und Unglück des Alters. München: C. H. Beck.
Grimm, J./Grimm, W. (o. J.): Die Lebenszeit. www.grimmstories.com/de/grimm_maerchen/die_lebenszeit (Abfrage 12. 06. 2022).
Hahn, U. (2019): Wir werden erwartet. New York: Penguin.
Helson, R./Wink, P. (1992): Personality changes in woman in the early 40s to the early 50th. In: Psychology and Aging, 7, S. 46–55.

Helwig, P. (1967): Charakterologie. Freiburg im Breisgau: Herder.

Hillebrecht, S. (2017): Die zweite Karriere. Wiesbaden: Springer Fachmedien.

Holland, J. L. (1997): Making vocational choices. A theory of vocational personalities and work environments 3. Auflage. Lutz: Psychological Assessment Ressources.

Jacques, E. (1965): Death and the mid-life crisis. In: The International Journal of Psychoanalysis, 46 (4), S. 502–514.

Jahn, I. (2004): Wechseljahre multidisziplinär. Was wollen Frauen – was brauchen Frauen. www.gesundheit.uni-hamburg.de/pdfs/pdf-wechseljahre-28.pdf (Abfrage 04.06.2022).

Jaspers, K. (2019): Leben als Grenzsituation. Wallstein: Göttingen.

Jecht, G./Pelz, G. (2022): Transaktionsanalyse. Weinheim, Basel: Beltz.

Jung, C. G. (1976): Die Lebenswende. In: Grundwerk, Bd. 9. Olten, Freiburg im Breisgau: Walter.

Kahler, T. (1978): Transactional Analysis revisited. Little Rock: Human Development Publications.

Kast, V. (1982) Trauern. Phasen und Chancen des psychischen Prozess. Stuttgart, Berlin: Kreuz.

Kast, V. (2006): Lebenskrisen werden Lebenschancen. Freiburg im Breisgau: Herder.

Kast, V. (2014): Vom Sinn des Ärgers. Anreiz zur Selbstbehauptung und Selbstentfaltung. Freiburg im Breisgau: Herder.

Kast, V. (2020): Was wirklich zählt, ist das gelebte Leben. Freiburg im Breisgau: Herder.

Kast, V. (2021): Altern – immer für eine Überraschung gut. Ostfildern: Patmos.

Kegan, R. (1994): Die Entwicklungsstufen des Selbst. Fortschritte und Krisen im menschlichen Leben. München: Kindt.

Kessel, B./Raeck, H./Verres, D. (2021): Ressourcenorientierte Transaktionsanalyse. Göttingen. Vanderhoeck & Ruprecht.

Keupp, H. (1988): Auf dem Weg zur Patchwork-Identität? In: Verhaltenstherapie und psychosoziale Praxis, 20 (4), S. 425–438.

Kohlberg, L. (1969): Stage and sequence: The cognitive-developmental approach to socialization. In: Goslin, D. A. (Hrsg.): Handbook of socialization theory and research. Chicago: Rand Mc Nally, S. 347–480.

Kübler-Ross, E. (1973): On death and dying. New York: Routledge.

Lang, F. R./Neyer, F. J./Asendorpf, J. B. (2005): Entwicklung und Gestaltung sozialer Beziehungen: In: Filipp, S.-H./Staudinger, U. M. (Hrsg.): Entwicklungspsychologie des mittleren und höheren Erwachsenenalters. In: Enzyklopädie der Psychologie, Themenbereich C, Serie V, Bd. 6, S. 377–416. Göttingen: Hogrefe.

Lenhardt, V. (1992): Stadien der Autonomieentwicklung. In: Kottwitz, G./Lenhardt, V. (Hrsg.): Integrative Transaktionsanalyse. Berlin: Institut für Kommunikationstherapie, S. 88.

Leutenberger, R. (1973): Der Tod. Schicksal und Aufgaben. Zürich: Theologischer Verlag, zitiert nach: Schlegel, L. (2007): Handwörterbuch der Transaktionsanalyse. Freiburg im Breisgau: Herder, S. 160.

Lévinas, E. (1987): Totalität und Unendlichkeit. Versuch über die Exteriorität. 4. Auflage. Studienausgabe. Freiburg im Breisgau: Alber.

Levin-Landheer, P. (1982): The cycle of development. In: Transactional Analysis Journal, (12) 2, S. 129–139.

Levinson, D. J. (1977): The mid-life transition: A period in adult psychosocial development. In: Psychiatry: Journal for the Study of Interpersonal Processes, 40 (2), S. 99–112.

Lindenberger, U. (2012): Entwicklungspsychologie 7. Auflage. Weinheim, Basel: Beltz.

Loevinger, J. (1976): Ego development. Conceptions and theories. San Francisco: Jossey-Bass.

Loevinger, J. (1985): Revision of the sentence completion test for ego development. In: Journal of Personality and Social Psychology, (48) 2, S. 420–427.

Lothaller, H. (2008): Die ‚rush hour' des Lebens und die Bedeutung der Familienarbeit und ihrer Aufteilung. In: Journal für Generationengerechtigkeit, 8 (3), S. 4–8.

Martin, M./Wight, M. (2008): Dyadic cognition in old age: Paradigms, findings and directions. In Hofer, S. M./Alwin, D. (Hrsg.): Handbook on Cognitive Aging: Interdisciplinary Perspectives. Thousand Oaks, CA: Sage, S. 629–646.

Mason, M./Norton, M. (2007): Wandering Minds. The default Network a Stimulus-Independent. www.science.org/doi/10.1126/science.1131295 (Abfrage 28.06.2022).

McCrae, R. R./Costa, P. T. jr. (1990): Personality in adulthood. New York: Guilford.

Meltzoff, N./Kuhl, P. K./Movellan, J./Sejnowski, T. J. (2009): Foundations for a New Science of Learning. In: Science, 325, S. 284–288.

Misra, G. (2018): Psychological Interventions for Health and Wellbeing. Wiesbaden: Springer Nature.

Neugarten, B. L. (1972): Personality and the aging process. In: The Gerontologist, 12, S. 9–15.

Neugarten, B. L./Datan, N. (1996): Sociological perspectives on the life Cycle. In: Neugarten, B. L./ Neugarten, D. A. (Hrsg.): The meanings of age. Selected papers. Chicago. University of Chicago Press, S. 93–113.

Piper, A. (2021): An economic analysis of the empty nest syndrome. Berlin: Freie Universität Berlin.

Pontes, U. (2018): Was sind Emotionen? www.dasgehirn.info/denken/emotion/was-sind-emotionen?language=en (Abfrage: 28. 06. 2022).

Riedel, I. (2009): Die innere Freiheit des Alterns. Düsseldorf: Patmos.

Riedel, I. (2015a): Die innere Freiheit des Alterns. 4. Auflage. Ostfildern: Patmos.

Riedel, I. (2015b): Lebensphasen – Lebenschancen. Munderfing: fischer & gann.

Rindfuss, R. (1991): The young adult years. Diversity, Structural Change and fertility. In: Demography, 28 (4), S. 493–512.

Röhl, S. (2004): Fanita English. Salzhausen: iskopress.

Schaaf, J. (2022): Das ultimative Gefühl von Altsein. In: Frankfurter Allgemeine Sonntagszeitung, 16, S. 15.

Scheibe, S./Freund, A. M./Baltes, P. B. (2007): Toward a developmental psychology of Sehnsucht (life longings): The optimal (utopian) life. In: Developmental Psychology, 43, S. 778–795.

Scheidt, B. (2008): Berufliche Neuorientierung des Entwicklungsprozesses. https://brigittescheidt.de/wp-content/uploads/2019/08/dgfk-karrierespots-2008-berufliche-neuorientierung-entwicklungsprozess-brigitte-scheidt.pdf (Abfrage: 08. 08. 2022).

Scherger, S. (2007): Destandardisierung, Differenzierung, Individualisierung. Westdeutsche Lebensläufe im Wandel. Wiesbaden. VS Verlag für Sozialwissenschaften.

Schiff, A./Schiff, J. L. (1977): Passivität. In: Neues aus der Transaktionsanalyse, (1) 3, S. 21–127.

Schlegel, L. (2007): Kompendium der Transaktionsanalyse. www.dsgta.ch/produkt/kompendium-der-transaktinsanalyse (Abfrage: 08. 11. 2021).

Schmale-Riedel, Almut (2016): Der unbewusste Lebensplan. Das Skript in der Transaktionsanalyse. München: Kösel.

Schmidt, W. (2012): Was ist Arbeit? www.momentum-magazin.de/de/was-ist-arbeit (Abfrage 04. 08. 2022).

Schneider, J. (2000): Supervidieren und beraten lernen. Paderborn: Junfermann.

Schneider, J. (2022): Natürliche Scham. Hohenwarsleben: Westarp Science Fachverlag.

Schneider, W./Lindenberger, U. (2012): Entwicklungspsychologie. 7. Auflage. Weinheim, Basel: Beltz.

Schulz von Thun, F. (1989): Miteinander reden 2. Stile, Werte und Persönlichkeitsentwicklung. Reinbek bei Hamburg: Rowohlt.

Schulz-Robinson, T. (2021): Das 4S+ Modell. In: Zeitschrift für Transaktionsanalyse, (38) 4. Weinheim: Beltz Juventa, S. 348–363.

Sheehy, G. (1998): Die neuen Lebensphasen. Berlin: Ullstein.

Smith, J./Baltes, P. B. (1996): Altern aus psychologischer Perspektive: Trends und Profile im hohen Alter. In: Mayer, K. U./Baltes, P. B. (Hrsg.): Die Berliner Altersstudie. Berlin: Akademie, S. 221–250.

Sorkin, D. H./Rook, K. S. (2004): Interpersonal control strivings and vulnerability to negative social exchanges in later life. In: Psychology and Aging, 19, S. 555–564.

Statistisches Bundesamt (2022): Bevölkerung – Zahl der Einwohner in Deutschland nach Altersgruppen am 31. Dezember 2021. www.de.statista.com/statistik/daten/studie/1112579/umfrage/bevoelkerung-in-deutschland-nach-altersgruppen (Abfrage: 23. 06. 2022).

Staudinger, U. M (2000): Selbst und Persönlichkeit aus der Sicht der Lebensspannen-Psychologie. In: Greve, W. (Hrsg.): Psychologie des Selbst. Weinheim: Beltz, S. 133–148.

Staudinger, U./Baltes, P. B. (1995): Resilience and reserve capacity in later adulthood: Potentials and limits of development across the live span. In: Cicchetti, D./Cohen, D. J. (Hrsg.): Development psychopathology. 2. Auflage. New York: Wiley, S. 801–847.

Staudinger, U./Baltes, P. B. (1996): Weisheit als Gegenstand psychologischer Forschung. In: Psychologische Rundschau, 47, S. 57–77.

Staudinger, U./Bluck, S. (2001): A view on midlife development from lifespan theory. In: Lachmann, M. E. (Hrsg.): Handbook of midlife development. New York: Wiley, S. 3–39.

Stein, M. (2022): Die gereizte Frau. Was unsere Gesellschaft mit meinen Wechseljahren zu tun hat. Leipzig: Goldmann.

Stewart, I./Joines, V. (2015): Die Transaktionsanalyse. Freiburg im Breisgau: Herder.

Storch, M. (2011): Das Geheimnis kluger Entscheidungen. München: Piper.

Stroebe, M./Schut, H. (1999): The dual process model of coping with bereavement: rationale and description. In: Death Studies 23 (3), S. 197–224.

Wenderlin, J. M. (1977): Psychologische Aspekte bei der Hormonsubstitution im Klimakterium. In: Zander, H./Goebel, R. (Hrsg.): Psychologie und Sozialmedizin in der Frauenheilkunde. Berlin, Heidelberg: Springer.

Wikipedia (o. J.): Stufenmodell der psychosozialen Entwicklung. www.wikipedia.de/wiki/Stufenmodell_der_psychosozialen_Entwicklung (Abfrage: 25.07.2022).

Wilhelm, K. (2008): Zwischenstation Sehnsucht. www.psychologie.uzh.ch/dam/jcr:00000000-251d-22cd-ffff-ffffe103836e/zwischenstation___2008-03.pdf (Abfrage 03.04.2022).

Wilkening, F./Freund, A./Martin, M. (2013): Entwicklungspsychologie Kompakt. Weinheim, Basel: Beltz.

Worksheets (o. J.): Neue Physik – Neues Weltbild. www.worksheets.de/html/neue_physik_-_neues_weltbild-e.html (Abfrage: 25.07.2022).

Danksagung

Ich danke allen, die zu dem Entstehen dieses Buches beigetragen haben – meinen ersten Lesern Jochen Becker-Ebel und Andreas Plate. Meinen Interviewpartner:innen Friederike von Tiedemann, Rainer Wirth und Silke Oetjen sowie meinen Weiterbildungsteilnehmer:innen und Klient:innen. Allen, die mir ihre Geschichten erzählt haben und es mir erlaubten, sie in diesem Buch wiederzugeben, danke ich herzlich. Auch denjenigen, die schon gestorben sind und die in dieser Erinnerung weiterleben. Ebenso bedanke ich mich bei meinen Freund:innen und Kolleg:innen für den fruchtbaren Austausch über eigenes Erlebtes. Und natürlich bei allen Menschen, die mir Vorbild für ein gelingendes Leben sind und waren.